de
Estado:
contri-
buições
para o
debate

SÉRIE FORMAÇÃO PROFISSIONAL EM SERVIÇO SOCIAL

DIALÓGICA

EDITORA intersaberes

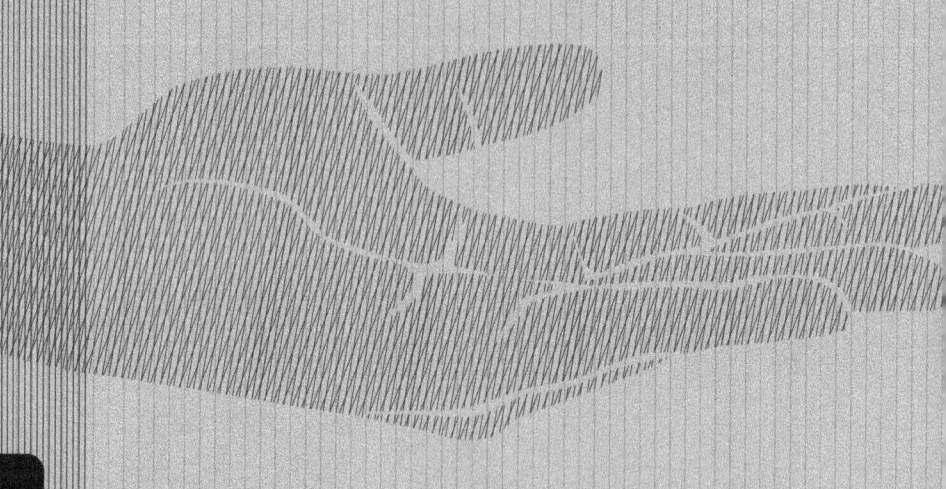

O selo DIALÓGICA da Editora InterSaberes faz referência às publicações que privilegiam uma linguagem na qual o autor dialoga com o leitor por meio de recursos textuais e visuais, o que torna o conteúdo muito mais dinâmico. São livros que criam um ambiente de interação com o leitor – seu universo cultural, social e de elaboração de conhecimentos –, possibilitando um real processo de interlocução para que a comunicação se efetive.

Concepções de Estado: contribuições para o debate

Mariana Patrício Richter Santos
Raquel Barcelos de Araújo

EDITORA intersaberes

Conselho editorial
Dr. Ivo José Both (presidente)
Dr.ª Elena Godoy
Dr. Neri dos Santos
Dr. Ulf Gregor Baranow

Editora-chefe
Lindsay Azambuja

Gerente editorial
Ariadne Nunes Wenger

Analista editorial
Ariel Martins

Preparação de originais
Ana Maria Ziccardi

Edição de texto
Fabia Mariela De Biasi

Projeto gráfico
Laís Galvão

Capa
Laís Galvão (*design*)
overkit/Shutterstock (imagem)

Diagramação
Kelly Adriane Hübbe

Equipe de *design*
Sílvio Gabriel Spannenberg
Mayra Yoshizawa

Iconografia
Sandra Lopis da Silveira
Regina Claudia Cruz Prestes

Dados Internacionais de Catalogação na Publicação (CIP)
(Câmara Brasileira do Livro, SP, Brasil)

Santos, Mariana Patrício Richter
  Concepções de estado: contribuições para o debate/Mariana Patrício Richter Santos, Raquel Barcelos de Araújo. Curitiba: InterSaberes, 2020. (Série Formação Profissional em Serviço Social)

  Bibliografia.
  ISBN 978-85-227-0306-7

  1. Assistência social 2. Cidadania 3. Direitos civis 4. Direitos sociais 5. Política social 6. Serviço social I. Araújo, Raquel Barcelos de. II. Título III. Série.

20-32726   CDD-361

Índices para catálogo sistemático:
1. Direitos sociais: Serviço social   361
  Maria Alice Ferreira – Bibliotecária – CRB-8/7964

1ª edição, 2020.
Foi feito o depósito legal.

Informamos que é de inteira responsabilidade das autoras a emissão de conceitos.

Nenhuma parte desta publicação poderá ser reproduzida por qualquer meio ou forma sem a prévia autorização da Editora InterSaberes.

A violação dos direitos autorais é crime estabelecido na Lei n. 9.610/1998 e punido pelo art. 184 do Código Penal.

Rua Clara Vendramin, 58 ▪ Mossunguê ▪ CEP 81200-170 ▪ Curitiba ▪ PR ▪ Brasil
Fone: (41) 2106-4170 ▪ www.intersaberes.com ▪ editora@editorainterbaberes.com.br

Sumário

Apresentação | 7
Como aproveitar ao máximo este livro | 10

1. **Introdução à teoria política | 15**
   1.1 Conceitos clássicos da teoria política | 17
   1.2 Autores clássicos da teoria política | 23

2. **Reflexões sobre o Estado moderno: do contratualismo moderno ao neocontratualismo | 41**
   2.1 Gênese do Estado moderno | 43
   2.2 Teoria geral do Estado do contrato social | 51
   2.3 John Rawls e Norberto Bobbio: os neocontratualistas | 65

3. **Estado, cidadania e direitos humanos | 77**
   3.1 Conceito de cidadania e sua evolução histórica | 79
   3.2 Relação entre cidadania e direitos humanos | 89
   3.3 Organização e construção histórica dos direitos humanos | 90

4. **A formação do Estado liberal e o Estado de bem-estar social | 109**
   4.1 Formação do Estado liberal: origem e contexto histórico | 111
   4.2 Formação do Estado de bem-estar social (*welfare state*) | 117

5. Caracterização do processo histórico de formação do Estado no Brasil: aspectos históricos, econômicos, políticos e sociais | 133
- 5.1 Formação do Estado no Brasil | 135
- 5.2 O despontar do Estado brasileiro | 139
- 5.3 Estado oligárquico-republicano | 143
- 5.4 Estado desenvolvimentista | 144

6. Estado e democracia no Brasil | 155
- 6.1 A democracia | 157
- 6.2 O processo democrático no Brasil | 167
- 6.3 Serviço social e sua relação com a democracia | 174

Para concluir... | 181
Referências | 185
Respostas | 193
Sobre as autoras | 197

Apresentação

A relação entre Estado e serviço social no Brasil é histórica e controversa. Desde sua gênese, o serviço social contracena com o Estado brasileiro com base em uma relação constitutiva e constituinte. Constitutiva, na medida em que essa figura chamada de *Estado* contribuiu para o processo de formação do serviço social não apenas no Brasil, mas também no mundo inteiro. Constituinte, uma vez que coadjuvou, historicamente, para que essa categoria profissional pudesse criar um lugar específico de atuação dentro da denominada *divisão técnica do trabalho*, formando uma identidade profissional.

No processo de formação de bacharéis em Serviço Social, torna-se importante a apropriação dos conhecimentos das ciências sociais e, em especial, de conteúdos da ciência política e da teoria política. Nesse contexto, o objetivo desta obra é possibilitar aos futuros profissionais de serviço social a compreensão dos conceitos e das características do processo de formação do Estado moderno, fornecendo fundamento teórico a suas intervenções na realidade social contemporânea.

Assim, reconhecer a importância do Estado para o serviço social nos desafia, a cada dia, a conhecê-lo e a desvelá-lo por meio de diferentes ferramentas teórico-metodológicas. Durante a leitura deste livro, podemos lançar mão de conceitos das ciências sociais que nos instrumentalizam para entender como a ciência vem construindo conhecimento a respeito do Estado com base em teorias que buscam explicar sua origem e sua finalidade.

No primeiro capítulo, abordamos as conceituações dos principais autores clássicos da teoria política, como Nicolau Maquiavel, considerado o primeiro pensador a apresentar uma teoria geral do Estado; Immanuel Kant, que aplica os conhecimentos da física, criando um método de interpretação da realidade e uma justificativa para existência de um Estado; Georg Wilhelm Hegel, que busca, por meio da razão, criar um método fundamentado na dialética para entender o papel do Estado e sua relação com a sociedade de seu tempo.

Trazemos para o debate, no segundo capítulo, um resgate histórico sobre os primeiros formatos do Estado reconhecidos pelos cientistas políticos, partindo de um ordenamento interpretativo e não cronológico. Além disso, apresentamos os teóricos contratualistas e neocontratualistas, que propõem a criação do Estado com base em um ordenamento jurídico específico.

Examinamos, então, as concepções relativas à cidadania e aos direitos humanos no terceiro capítulo, contextualizando a história desses conceitos, seu surgimento e as formas de exercício na comunidade contemporânea. Para compreender os elementos que constituem a história da cidadania e dos direitos humanos, resgatamos historicamente esses processos. Além disso, analisamos a relação entre direitos humanos e a profissão de serviço social, bem como a forma como o profissional de serviço social relaciona-se com a temática dos direitos humanos e atua em sua defesa.

No quarto capítulo, tratamos do processo do Estado por meio da concepção do Estado liberal e do Estado de bem-estar social – em inglês, *welfare state*. Evidenciamos a necessidade do surgimento do Estado liberal e o porquê desse formato ser assim denominado. Também destacamos que esse modelo apresenta seus limites, corroborando, assim, com o surgimento e a existência do Estado de bem-estar social.

Consideramos importante conhecer as características do Estado brasileiro, e o quinto capítulo é dedicado a esse tema, demonstrando todo seu processo histórico de formação, do período colonial até a fase do império. Na sequência, apontamos as características de um Estado obstinado pelo desenvolvimento e que não poupou esforços e acordos para romper com o estigma de país subdesenvolvido, ou em desenvolvimento.

Por fim, no sexto capítulo, discutimos os aspectos da democracia, regime político em que deve vigorar a soberania da vontade popular. Ressaltamos que existem diversos tipos de democracia, como a democracia direta, quando a população participa diretamente dos processos decisórios; a democracia representativa, cujo maior ícone é o voto, para que seja eleito um representante do povo; e a democracia semidireta, que mistura elementos dos dois tipos de democracia. Além disso, analisamos como ocorreu a construção e a limitação do processo democrático brasileiro, examinando suas perspectivas, suas características e suas possibilidades. Encerramos com algumas considerações sobre a relação do serviço social com a democracia criada no cotidiano profissional.

Boa leitura!

Como aproveitar ao máximo este livro

Empregamos nesta obra recursos que visam enriquecer seu aprendizado, facilitar a compreensão dos conteúdos e tornar a leitura mais dinâmica. Conheça a seguir cada uma dessas ferramentas e saiba como elas estão distribuídas no decorrer deste livro para bem aproveitá-las.

Conteúdos do capítulo

Logo na abertura do capítulo, relacionamos os conteúdos que nele serão abordados.

Após o estudo deste capítulo, você será capaz de:

Antes de iniciarmos nossa abordagem, listamos as habilidades trabalhadas no capítulo e os conhecimentos que você assimilará no decorrer do texto.

Estado, cidadania e direitos humanos

c) Reconhecer o assistente social como parte da classe trabalhadora não significa dizer que esse profissional esteja também, sujeito às intempéries do sistema de produção capitalista.
d) O serviço social tem um compromisso ético com a defesa dos direitos humanos, sendo este insculpido em um dos princípios fundamentais da profissão.
e) O serviço social não trabalha com demandas relacionadas aos direitos humanos.

4. A construção do conceito de cidadania se perfaz no processo sócio-histórico da história da humanidade. Disserte sobre o conceito de cidadania presente na sociedade greco-romana.

5. Considerando a construção histórica do conceito de direitos humanos e sua evolução, relate os diferentes momentos em que os debates sobre os direitos humanos se fizeram presentes na história da humanidade.

Questões para reflexão

1. Leia o texto a seguir:

> Nada resiste ao poder do dinheiro. Todos se curvam perante a ele. [...] O pão de que te apropias é daquele que tem fome. Daquele que está nu são as roupas que guardas nas tuas arcas. Daquele que anda descalço, e que trabalha em tua casa sem nada receber, é o dinheiro que escondeste no teu subterrâneo. [...] O supérfluo dos ricos é o necessário dos pobres. Quem possui um bem supérfluo possui um bem que não lhe pertence.
>
> Fonte: Boaz, citado por Ruiz, 2014, p. 45.

Questões para reflexão

Ao propor estas questões, pretendemos estimular sua reflexão crítica sobre temas que ampliam a discussão dos conteúdos tratados no capítulo, contemplando ideias e experiências que podem ser compartilhadas com seus pares.

Síntese

Ao final de cada capítulo, relacionamos as principais informações nele abordadas a fim de que você avalie as conclusões a que chegou, confirmando-as ou redefinindo-as.

Síntese

Neste capítulo, abordamos os tipos de Estado denominados *Estado liberal* e o *Estado de bem-estar social*, ou *welfare state*. Começamos pelo esclarecimento do que se trata o Estado liberal, tendo em vista sua justificativa e suas necessidades históricas. Apresentamos os processos históricos, bem como os autores que defendem a tese de um Estado liberal como forma de garantia dos interesses dos sujeitos de uma sociedade.

Depois, evidenciamos as características atinentes a um Estado liberal, que o identificam associando-o com a regulação das atividades econômicas e sociais pelo próprio mercado, deixando para o Estado a função regulatória de órgão controlador de princípios como a liberdade.

Na sequência, analisamos a desconstrução do ideal de um Estado liberal, tendo em vista seus princípios e os processos desiguais gerados por suas características, o que deu origem ao Estado de bem-estar social, ou *welfare state*, principalmente, no período pós-Segunda Guerra Mundial. Porém, para entendê-lo, trouxemos conceituações e teorias explicativas das mais diferenciadas, que indicam os caminhos que se perfazem para a aceitação e consolidação de um *welfare state*.

Por fim, apresentamos a classificação dos modelos de proteção social oferecidas pelos distintos *welfare state*, os quais, para além da compreensão de seu nascedouro e surgimento na sociedade contemporânea, são adotados em diferentes países e realidades mundiais. A classificação do *welfare state* nos ajuda a entender em que medida a proteção social tem sido compreendida e prestada à população: se é ofertada apenas em casos extremos (liberal); se é prestada pautada em valores de mérito e merecimento (meritocracia); ou, se é prestada e destinada à população de forma estrutural, *ex ante* (social-democrata).

Para saber mais

Pesquise sobre a obra de Laurentino Gomes, em especial, sua trilogia:

GOMES, L. **1808**: como uma rainha louca, um príncipe medroso e uma corte corrupta enganaram Napoleão e mudaram a história de Portugal e do Brasil. São Paulo: Planeta, 2007.

No livro, o escritor faz uma síntese histórica da chegada da corte portuguesa ao Brasil, relatando a fuga da família real portuguesa para o Brasil. Trata-se de um verdadeiro manual de viagem por todos os acontecimentos que envolvem esse episódio da história nacional.

GOMES, L. **1822**: como um homem sábio, uma princesa triste e um escocês louco por dinheiro ajudaram Dom Pedro a criar o Brasil – um país que tinha tudo para dar errado. Rio de Janeiro: Nova Fronteira, 2010.

Neste livro, o autor traz como tema principal a Independência do Brasil. A obra cobre um período de 14 anos, retratando as décadas que vão desde 1821, data do retorno da corte portuguesa de D. João VI a Lisboa, e 1834, ano da morte do imperador Pedro I. O autor objetiva explicar como o Brasil conseguiu manter seu território e firmar-se como nação independente em 1822.

GOMES, L. **1889**: como um imperador cansado, um marechal vaidoso e um professor injustiçado contribuíram para o fim da monarquia e a Proclamação da República no Brasil. São Paulo: Globo, 2013.

O Brasil havia tornado-se uma república. O império brasileiro, até então tido como a mais sólida, estável e duradoura experiência de governo na América Latina, com 67 anos de história, desabara na manhã de 15 de novembro. O austero e admirado imperador D. Pedro II, um dos homens mais cultos da época, que ocupara o trono por quase meio século, fora obrigado a sair do país com toda a família imperial. Vivia agora exilado na Europa, banido para sempre do solo em que nascera.

Para saber mais

Sugerimos a leitura de diferentes conteúdos digitais e impressos para que você aprofunde sua aprendizagem e siga buscando conhecimento.

Questões para revisão

1. A historiografia e os registros do processo de formação do Estado brasileiro informam que seu nascimento ocorreu a partir de uma grande operação de conquista e ocupação de parte do Novo Mundo. Quais instituições se uniram para isso?
   a) Coroa portuguesa, por meio de seus vassalos, e Império Romano, com todos os seus agentes.
   b) O imperador romano e seus agentes e o Rei da Inglaterra, com sua corte.
   c) Coroa portuguesa, por meio de seus agentes, e a Igreja Católica, representada em princípio pelos jesuítas.
   d) O Rei da Inglaterra, com sua corte e a Igreja Católica, representada, a princípio, pelos jesuítas.
   e) Os Reis da Espanha e da França aliançados com o Império Romano.

2. Em 1548, D. João III instaurou o Governo Geral do Brasil e, em 1572, o Brasil passou a ter duas sedes administrativas. Em que locais se instalaram essas sedes?
   a) Uma na Bahia e outra no Rio de Janeiro.
   b) Uma em São Paulo e outra em Minas Gerais.
   c) Uma no Espírito Santo e outra no Rio Grande do Sul.
   d) Uma em Pernambuco e outra em Recife.
   e) Uma no Paraná e outra no Mato Grosso.

3. Conforme Schilling (2019), foi pela Constituição outorgada de 1824 que D. Pedro I obteve legitimidade. Assinale a alternativa que **não** apresenta um dos objetivos gerais do Estado Imperial, que se estendeu até 1889:
   a) Consolidar a autoridade imperial sobre todo o território brasileiro.
   b) Promover a manutenção do regime escravista.
   c) Preservar a paz interna e o reconhecimento internacional.
   d) Fortalecer o movimento liberal abolicionista.
   e) Minimizar os conflitos entre os abolicionistas e os escravos.

Questões para revisão

Ao realizar estas atividades, você poderá rever os principais conceitos analisados. Ao final do livro, disponibilizamos as respostas às questões para a verificação de sua aprendizagem.

Raquel Barcelos de Araújo

Capítulo 1

Introdução à teoria política

Conteúdos do capítulo:
- Teoria política e teoria geral do Estado.
- Concepções dos principais autores clássicos da teoria política.

Após o estudo deste capítulo, você será capaz de:
1. reconhecer as três grandes áreas das ciências sociais;
2. aplicar a teoria política para a compreensão das concepções de Estado;
3. identificar as diferentes concepções de Estado à luz das obras de Maquiavel, Kant e Hegel.

O objetivo deste capítulo é refletir sobre as contribuições das ciências sociais para as concepções de Estado, buscando fundamento teórico a partir do surgimento da ciência política e da teoria geral do Estado. Apresentaremos as considerações de autores clássicos da teoria política, como Maquiavel, Kant e Hegel.

1.1 Conceitos clássicos da teoria política

Alguns autores consideram que, por meio das ciências sociais, conhecemos a origem, a formação, o desenvolvimento e a organização do Estado e das sociedades. Segundo Marcelino (2016, p. 4), o cientista social realiza as seguintes tarefas:

> Pesquisa e analisa os fenômenos, as estruturas e as relações existentes nas organizações sociais, culturais, econômicas e políticas; analisa os movimentos e os conflitos sociais, a construção das identidades e a formação das opiniões, costumes e hábitos; investiga as relações entre indivíduos, famílias, grupos e instituições.

Assim, é importante nos apropriarmos dos conhecimentos desse ramo das ciências e contribuirmos para seu desenvolvimento por meio da produção de conhecimentos sob o prisma do serviço social. Para tanto, é fundamental compreender que as ciências sociais dividem-se em três grandes áreas, cada qual com suas especificidades de estudo, seus métodos de pesquisa e de análise. Marcelino (2016, p. 4) afirma:

> Sociologia: é o maior dos ramos das Ciências Sociais e se dedica a investigar as estruturas e a dinâmica das sociedades, levando sempre em conta os processos históricos de transformação das organizações sociais.

> Antropologia: dedica-se ao estudo das diferentes culturas humanas, realizando estudos etnográficos, de comportamentos, costumes e características comuns a determinados grupos sociais.
>
> Ciência Política: [...] dedica-se a analisar os sistemas, as instituições políticas, as políticas públicas, a organização da política e o comportamento político.

Lançaremos mão dos conhecimentos da ciência política para entender essa importante figura denominada *Estado*. Segundo Martinez (2017, p. 2), as reflexões de Platão sobre tipos de governo, justiça, virtude e estabilidade política foram fundamentais para a formação do pensamento político.

O autor defende que, com Platão, pela primeira vez, relacionaram-se as instituições, as atitudes e as ideias com os processos e os resultados. Ainda que Aristóteles já se perguntasse sobre a razão do Estado, ao estabelecer a diferença entre o chefe da República e o chefe de família, organizar o Estado não era o mesmo que cuidar de uma família numerosa. Para Aristóteles (1991, p. 3), existe uma "diferença específica entre tais poderes, a família é quem 'satisfaz as necessidades da vida'". Assim, "a família é a sociedade cotidiana forjada pela natureza e composta de pessoas que comem, como diz Carondas, o mesmo pão e se esquentam, como diz Epimênides de Creta, com o mesmo fogo" (Aristóteles, 1991, p. 3).

Concluímos, então, que a sociedade é, em si mesma, já um resultado, ou melhor, um conjunto de casas forma uma aldeia, e a cidade surge da família retirada de sua natureza. Para Martinez (2017, p. 2),

> O governo da sociedade humana, portanto, nada mais é do que o das famílias organizadas. As cidades devem conservar a existência e buscar o bem-estar. Este é o 'desígnio de sua natureza'. O homem sem esta natureza cívica é um ser sem leis que só respiraria a guerra, como 'ave de rapina' pronta a cair sobre os outros.

Segundo Aristóteles (1991, p. 5), como o Estado é formado por famílias, é importante considerar o governo como *doméstico* ou *despótico*. Esse poder seria dividido entre despotismo (senhor/

escravo), marital (marido/mulher), paternal (pai/filho). Nas obras de Platão e de Aristóteles, identificamos a separação entre a realidade observada e a realidade idealizada, que foi uma tentativa empirista de interpretação da realidade com base na observação. Há, portanto, uma preocupação de indicação da melhor forma de convivência social.

Ao longo da Idade Média, também foram escritas muitas obras que podem ser situadas no âmbito da teoria geral do Estado, como os escritos de Santo Agostinho e de Santo Tomás de Aquino, os quais, embora fundamentalmente opostos sobre aspectos diversos, têm em comum a inquietação de justificar a ordem existente, com base em considerações de natureza teológica. Já no fim da Idade Média, identificamos os primeiros sinais de reação a esse irrealismo, como na obra de Marsílio de Pádua, *Defensor Pacis*, que apareceu em 1324 para preconizar a separação, com independência recíproca, entre Igreja e Estado.

Devemos considerar, ainda, as contribuições do movimento renascentista para a mudança na concepção do Estado e sua desvinculação das instituições eclesiásticas ligadas à Igreja Católica Romana. O Renascimento foi o primeiro grande movimento artístico, científico, literário e filosófico da modernidade, iniciado na Europa entre os séculos XIV e XVI, cuja principal expressão foi o desenvolvimento econômico e a formação de nova visão de mundo, embasada no individualismo e no racionalismo.

Segundo Martinez (2017), o movimento renascentista foi fomentado pela burguesia e por setores da realeza que tinham recursos para investir em arte e pesquisa. Você pode identificar, na história, que essa busca objetivava entender a humanidade como um todo, ou seja, o sentido da vida humana e sua relação com a natureza. Os estudos feitos resultaram no desenvolvimento das ciências da natureza, das ciências sociais e política e também das ciências que estudavam as religiões. O ser humano passou a ser o centro das pesquisas científicas. Assim, a ideologia surgida no centro do movimento foi denominada ***humanista***.

O autor explica que ocorre "a grande revolução nos estudos políticos, com o afastamento dos fundamentos teológicos e a busca de generalizações a partir da própria realidade", conforme vemos em Nicolau Maquiavel, no início do século XVI (Martinez, 2017, p. 3). Ressaltamos que a obra de Maquiavel considera os valores humanos, inclusive os valores morais e religiosos, e também observa tudo que ocorria em sua época em termos de organização e atuação do Estado. Ao mesmo passo em que observa os fenômenos políticos, Maquiavel, dotado de vasta cultura histórica, relaciona fatos de épocas diversas, criando, dessa forma, a possibilidade de uma ciência política.

De acordo com Norberto Bobbio (Bobbio; Matteucci; Pasquino, 1998), a **ciência política** surgiu como disciplina e instituição em meados do século XIX, período em que cresceu como *ciência do Estado*, principalmente, na Alemanha, na Itália e na França. Portanto, podemos entender que a palavra *ciência* é usada como ideia oposta à noção de *opinião*, de forma que, como Bobbio destaca em seu *Dicionário de política*, "ocupar-se cientificamente de política significa não se abandonar a opiniões e crenças do vulgo, não formular juízos com base em dados imprecisos, mas apoiar-se nas provas dos fatos" (Bobbio; Matteucci; Pasquino, 1998, p. 174)

Veja bem! A ciência política pode ser compreendida como a área de conhecimento que se debruça sobre os fenômenos ligados às estruturas políticas, buscando entendê-las e sistematizá-las com base em pesquisa científica, que deve estar fundamentada em argumentos racionais. Desse modo, trata-se de uma disciplina das ciências sociais que lida com o estudo de sistemas de governo, análises de comportamento político e de atividades políticas em geral.

Não podemos esquecer que estuda também as ações e os atores que participam de atividades políticas, objetivando perceber: Como acontecem essas ações? Quais os objetivos dessas ações? Em que cenários se dão os acontecimentos? Quais decisões são tomadas por esses atores a partir desses acontecimentos? Quais disputas são criadas no contexto estudado? Que forças e poderes estão em jogo e como são distribuídos, ou não?

Dessa forma, caso você queira contribuir para o desenvolvimento desse campo da ciência, poderá utilizar essas questões como um roteiro de pesquisa.

Segundo Martinez (2017), a ciência política recorre a diferentes áreas de estudos do conhecimento humano, como antropologia, administração pública, psicologia, economia, direito, sociologia, história, relações internacionais, filosofia política, entre outras que fazem parte do compêndio teórico sobre o qual os esforços da ciência política estão apoiados.

Martinez (2017) assevera que esse ramo das ciências tem, pelo menos, oito elementos de confluência que o relacionam com a criação da teoria política:

1. Base Racional para o Pensamento e Ação: a Teoria Política se consolida com a busca sistemática do conhecimento [...] sobre os assuntos relacionados com a esfera pública, com o objetivo de aprimorar as condições da vida humana no interior da associação política.

2. Âmbito da Política: [...] Trata-se [...] da fixação de um coletivo político – o que, em tese, de acordo com a Teoria Geral do Estado, [...] implicou na delimitação do território ou elemento físico do Estado.

3. Unidade Básica de Análise: a Teoria Política clássica estabeleceu a Polis[1] como unidade básica de análise. Por ser a unidade política de referência mais ampla no mundo antigo, inspirou nos modernos a ideia de se analisar a totalidade política. Uma Teoria Política tão ampla quanto à realidade a ser investigada.

4. Conceito de Ordem: a sociedade política passa a ser considerada um todo, que demanda a criação de um conceito de ordem. [...] Como toda relação de poder tem pontos de conflito, a Teoria Política se propôs a analisar a origem desses conflitos e os princípios de justiça que devem reger todo sistema político. O que, por fim, levou à necessidade de se estudar a desordem, como desequilíbrio na sistemática de aplicação dessa mesma justiça.

5. Método Comparativo: o método comparativo permitiu ampliar o mapa conceitual e os cenários políticos relacionados [...].

---

1 "*Pólis* significa cidade-Estado. Na Grécia Antiga, a pólis era um pequeno território localizado geograficamente no ponto mais alto da região, e cujas características eram equivalentes a uma cidade. O surgimento da pólis foi um dos mais importantes aspectos no desenvolvimento da civilização grega." (Pólis, 2019)

6. Relação entre Teoria e Prática: buscou-se desenvolver o Estado Ideal, reduzindo-se as experiências políticas a proporções manejáveis e que estivessem de acordo com uma nova ordenação, de modo que analistas pudessem visualizar as estreitas relações do conjunto político prescrito. A preocupação ou convicção fundamental sobre a melhor forma de governo baseava-se no propósito (de ordem prática) de que a teoria pudesse clarear e modificar a realidade sempre transformável.

7. Amálgama de elementos: solidificou-se uma tradição na análise dos elementos constantes, fundamentais e isto aproximou a Teoria Política da Teoria Geral do Estado, sobretudo quanto ao estudo do(a): i. natureza, origens e finalidades do Estado; ii. a Teoria do Contrato Social; iii. a relação entre Igreja e Estado (Estado Laico); iv. a soberania (Razão de Estado); v. a relação Estado/sociedade (Estado-Nação); vi. amelhor forma de governo; vii. implicações do direito natural (ou Prudência) sobre a política. (Vera, citado por Martinez, 2017, p. 6)

O oitavo elemento, no mundo moderno, ressalta Martinez (2017), confere com a atitude de fortalecer o Poder Legislativo como um preceito básico que dá origem ao moderno pensamento político liberal e que, em seguida, consolidou-se como regra elementar para todo o Estado contemporâneo. Isso também se vê no conceito de comunidade civil, ou *common wealth*:

> Como a forma de governo depende da atribuição do poder supremo, ou seja, do Legislativo, é impossível conceber que um poder inferior possa prescrever a um superior, ou que um outro além do poder supremo faça as leis, **a maneira de dispor o poder de fazer as leis determina a forma da comunidade civil.** (Locke, 1994, p. 160, grifo nosso).

Portanto, desde então, o Poder é orgânico, exatamente porque é social, ou seja, revela-se na vida em sociedade. Dessa maneira, passa a refletir a capacidade humana de propor formas de organização social que, nem sempre, se esgotam no uso da coerção. O poder social é, então, a capacidade humana: "Constitutiva ou própria à fabricação de resultados que afetem outros; Sistêmica de realizar objetivos coletivamente vinculatórios; Organizacional de disciplinar e modelar desejos, ações, discursos e a própria subjetividade; Racional e voltada à dominação, em busca de resultados precisos" (Martinez, 2017, p. 6).

Assim, você deve compreender que o movimento renascentista contribuiu para o progresso científico e para o desenvolvimento de diversos países da Europa. Esse progresso resultou no nascimento de diferentes disciplinas das ciências sociais, como a ciência política, que fundamentou suas raízes no conhecimento gerado sobre o humano. Entre os séculos XIV e XVIII, vários pensadores contribuíram para isso, como Nicolau Maquiavel, Thomas Hobbes, John Locke, Jean-Jacques Rousseau, Immanuel Kant e Friedrich Hegel.

1.2 Autores clássicos da teoria política

Apresentaremos a você, neste momento, alguns autores clássicos que contribuíram para a formação de um campo de estudo sobre a formação do Estado moderno, na perspectiva das ciências sociais. Vamos juntos nessa jornada!

1.2.1 O renascentismo de Nicolau Maquiavel e o surgimento da teoria do Estado

Nicolau Maquiavel foi o primeiro autor a utilizar a palavra *Estado* com o significado moderno, ou seja, de acordo com a concepção da atualidade. Não foi quem cunhou o termo, mas, no renascimento de Maquiavel, temos a formação do chamado *Estado-nação*, que separou a política da moral e, posteriormente, promoveu a separação entre Estado e sociedade.

E quem foi Nicolau Maquiavel? Segundo Frazão (2019a), Nicolau Maquiavel (1469-1527) "foi filósofo, político italiano e autor da obra-prima *O príncipe*. Foi profundo conhecedor da política de sua época, estudou-a em suas diversas obras e viveu durante o governo de Lourenço de Médici. Nasceu em Florença, Itália, no dia 3 de maio de 1469". Sua família, de origem toscana, participou dos cargos públicos por mais de três séculos.

Frazão (2019a) afirma que, em 1502, ele recebeu de César Bórgia a função de tratar com o Duque Valentino, em nome do governo de Florença, agindo para mudar o curso dos acontecimentos políticos. Esse contato com o Duque Valentino foi importante para o desenvolvimento de seu pensamento e de seu destino como escritor político.

Nicolau Maquiavel trouxe diversas inovações, principalmente, ao demonstrar como adquire-se, preserva-se e perde-se o poder. *O príncipe* foi sua obra-prima, considerada um manual sobre a arte de governar, em que a palavra *Estado* surge e torna-se essencial, definindo uma concepção de sociedade politicamente organizada (Frazão, 2019a).

Maquiavel, influenciado por Aristóteles, apresenta também a caracterização do chamado *Estado clássico*, isto é, a **cidade-Estado**. Para Maquiavel (1983), as formas de governo são: o principado/monarquia e a república. A monarquia seria o governo de um, e a república, o governo de muitos. Para ele, o Estado deveria ser organizado e virtuoso, evidenciando a aptidão em conciliar três componentes: "a realeza representada pelos cônsules, a aristocracia pelo senado e o povo pelos tribunos do povo". (Maquiavel, 1983, p. 11).

Em sua obra *O príncipe*, Maquiavel (1983) discorre sobre as formas de governo e divide os principados em hereditários, novos e eclesiásticos. Os **hereditários** são aqueles feitos para manter a administração anterior, combinando-a com as peculiaridades do presente, sendo governados de duas maneiras: "pelo príncipe e seus ministros, notando-se que neles o poder do monarca é absoluto, incontestável" (Maquiavel, 1983, p. 26).

Com relação aos principados **novos**, Maquiavel divide-os em quatro categorias conforme a forma de conquista: pela *virtù*, pela fortuna, pela violência e pelo consentimento. Os conquistados pela *virtù* são aqueles tomados a partir das qualidades pessoais dos príncipes. *Virtù* é "a capacidade pessoal de dominar os eventos, de alcançar um fim objetivado, por qualquer meio" (Maquiavel, 2008, p. 27). Para Marilena Chaui (2000), a *virtù* sempre esteve presente no campo da ética, e o governante virtuoso é aquele cujas virtudes não cedem ao poderio da caprichosa e inconstante fortuna. A autora explica que "Maquiavel retoma essa questão da moralidade, mas lhe imprime um sentido inteiramente novo" (Chaui, 2000, p. 203). E conclui:

> Em certas circunstâncias, deverá ser cruel, em outras, generoso; em certas ocasiões deverá mentir, em outras, ser honrado; em certos momentos, deverá ceder à vontade dos outros, em alguns, ser inflexível. O ethos ou caráter do príncipe deve variar com as circunstâncias, para que sempre seja senhor delas. (Chaui, 2000, p. 204)

Nesse sentido, a *virtù* é a habilidade do príncipe de ser flexível às circunstâncias, mudando de atitude de acordo com as exigências circunstanciais, ou seja, é a habilidade de garantir e dominar a fortuna.

Já os principados conquistados pela fortuna seriam aqueles que o príncipe domina não por mérito próprio, mas pela sorte. Maquiavel (1983) considera que a sorte decide metade de nossos atos e nos permite o controle da outra metade. Assim, o homem deve adaptar-se às circunstâncias e mudar de acordo com as necessidades ditadas pelo momento.

Os principados **eclesiásticos** são aqueles adquiridos ou por fortuna ou pela *virtù*, cuja conservação, porém, depende do poder das antigas instituições religiosas.

Os principados conquistados por meio da violência são aqueles cuja conquista do poder ocorreu por qualquer meio criminoso. Maquiavel (1983) afirma que o príncipe deve praticar todas as crueldades de uma só vez e evitar a reincidência, "em consequência, acalmará o povo e manterá o Estado, caso contrário perdê-lo-á. [...] a crueldade deve será plicada no momento oportuno, porque em tempos adversos, o príncipe não terá tempo para a prática do mal". Desse modo, o objetivo político justifica a crueldade, mantendo o poder a qualquer custo, não importando de que meio o príncipe lance mão para consolidar seus propósitos.

Nos principados conquistados pelo consentimento, o governo é obtido a partir do consenso e chama-se *governo civil*. Maquiavel (1983) alerta que se deve chegar ao poder com o apoio do povo e, para tanto, o príncipe deve manter uma relação de amizade, bastando não o oprimir. No entanto, coloca que, se o principado for conquistado com o apoio da nobreza, contra a vontade do povo, o governante deve proteger o povo para conseguir sua amizade.

Para Maquiavel (2008, p. 130), os principados deveriam ser mantidos por meio de dois suportes básicos: "boas leis e bons soldados". E, ainda, aconselha o príncipe a ter seu próprio Exército nacional e a considerar a religião como um poderoso agente de manutenção da ordem social.

Com relação à lei, Maquiavel (2008) oferece como exemplo a vivência do Estado de Esparta. No entanto, chama a atenção para o fato de que "é necessário que quem estabelece a forma de um Estado e promulga as suas leis, parta do princípio de que todos os homens são maus, estando dispostos a agir com perversidade sempre que haja ocasião" (Maquiavel, 2008, p. 130).

Nesse contexto, Maquiavel (2008) destaca que "os homens são de um modo geral ingratos, ambiciosos, volúveis e covardes". Desse modo, aconselha o príncipe a ter ações que demonstrem grandeza, coragem, gravidade e fortaleza. A criação de sua máxima é: "entre ser amado ou temido, o príncipe deve preferir a segunda opção. Todavia, é necessário que evite, a todo custo, ser odiado pelo povo, portanto é imprescindível desviar-se da conduta predatória, da usurpação dos bens e das mulheres dos súditos"0 (Maquiavel, 2008, p. 130).

1.2.2 A razão em Immanuel Kant: proposições para uma teoria de Estado

Immanuel Kant, filósofo nascido em Könisberg, em 1724, foi bastante influenciado, em sua obra, por Georg W. F. Hegel, um dos protagonistas do chamado *idealismo alemão*.

Kant considerava que o fator fundamental na construção do mundo era a consciência humana, ou seja, o mundo seria constituído e entendido a partir dos mecanismos mentais daquele que o observa. É interessante perceber a mudança de paradigma, isto é, o homem passaria, com base em suas impressões, a dar sentido ao mundo em que vive, sem precisar, portanto, de uma figura metafísica – um deus ou deuses – para dar sentido às coisas, ou seja, ao mundo. Seriam as impressões do observador, por meio da razão, que dariam sentido ao mundo, conquistando, assim, um papel ativo na interpretação das leis da natureza, com a capacidade de conhecer apenas a realidade revelada aos seus sentidos.

Segundo Scorza (2007, p. 2), "o mundo em que Kant viveu passava por grandes mudanças. Era a chamada Era das Luzes, evidenciada pela rejeição das ideias e instituições do passado e pela valorização do homem, de sua razão e das ciências". O autor ressalta, ainda, que Kant vivenciou – mesmo a distância de sua cidade – importantes acontecimentos políticos, como a Revolução Americana, de 1776, e a Revolução Francesa, em 1789, marcadas por uma nova proposta de Estado, fundamentado em uma constituição liberal.

Partindo dessas experiências, Kant propõe uma filosofia moral e política cuja base é a afirmação da liberdade, a qual está, essencialmente, dividida em três obras: *Fundamentação da metafísica dos costumes* (1785), *Crítica da razão prática* (1788) e *Metafísica dos costumes* (1798). Nesta última, podemos encontrar grande parte de suas proposições relacionadas à teoria política e do direito. Devemos ponderar também sua visão de Estado em *A paz perpétua* (1795), em que o filósofo busca fundamentar um sistema capaz de encerrar o estado de guerra permanente no qual se encontravam os Estados.

Feitas as devidas apresentações do filósofo Immanuel Kant, passemos a discorrer, de forma breve, sobre as teorias políticas kantianas sob o prisma das ideias de liberdade e de contrato social, considerando, para tanto, seus conceitos de justiça e de liberdade e sua teoria do Estado.

Inicialmente, analisaremos a filosofia kantiana da moral e do direito. Tecendo considerações sobre os fundamentos da moral kantiana, desenvolvidos, em especial, em sua obra *Fundamentação da metafísica dos costumes*, de 1785.
Scorza (2007) explica que Kant, inicialmente, separa conhecimento formal de conhecimento material.

> A filosofia que fundamenta oprimeiro é a lógica, abordando a razão e o pensamento em si próprios, não podendo conter parte empírica. O segundo trata dos objetos e das leis a que estão submetidos. Vemos assim, que as referidas leis se dividem em *leis da natureza*, tratadas pela física, e *leis da liberdade*, aquelas que tratam das ações livres dos homens, objeto de estudos da ética ou teoria dos costumes. (Scorza, 2007, p. 2, grifo do original)

Scorza (2007) suscita algo bem interessante ao afirmar que, para Kant, a física e a ética podem contar com elementos empíricos: a **física** tem como objeto de experiência as leis da natureza, e a **ética** tem como objeto a vontade do homem quando afetada pela natureza.

Kant (2005) denomina a parte empírica da ética como *antropologia prática*, e a parte metafísica como *moral*. Dessa forma, o autor faz a diferenciação entre direito e moral, esclarecendo que:

> as leis da liberdade, quando dirigidas às ações externas dos indivíduos, [...] são consideradas leis jurídicas e ainda, que as leis da liberdade enquanto leis morais requerem[...] ser o fator que determina a ação, de forma que o motivo da adequação da ação à lei seja puramente o dever de cumprir com o preceito nela contido.[...] estas leis incidem externamente, para a moral e o comando deve ser interno. O preceito moral, é dado pelo exercício individual da razão pura, não podendo ser influenciado externamente, enquanto o preceito jurídico é imposto externamente. (Kant, 2005, p. 25)

Com base nessa distinção, verificamos que a **liberdade moral** é exercida internamente, sendo o indivíduo livre para agir em conformidade com as leis que imputa a si mesmo pelo uso de sua própria razão. A **liberdade jurídica**, por sua vez, deve ser desenvolvida de forma processual. Partindo dessas considerações, compreendemos que, em Kant, temos a fundação da "doutrina do direito como a soma das leis que podem ser dadas externamente. A diferença entre o justo e o injusto somente é possível através da razão, tendo como base o direito positivo" (Kant, 2005, p. 25).

Scorza (2007) explica que Kant apresenta um princípio universal do direito, o qual, por meio de uma abordagem liberal, não poderia intervir nos arbítrios individuais, tendo por objetivo estabelecer um sistema que garanta o livre exercício desses arbítrios, de acordo com uma lei universal. Afirma o autor que o direito, para Kant, seria uma estratégia para garantir o exercício máximo das liberdades individuais, "impondo limites à liberdade de um somente a partir do momento em que esta agrida o exercício da liberdade de outro, de maneira que a todos seja garantido exercer igualmente suas liberdades" (Scorza, 2007, p. 3).

Para Kant (2005), o princípio fundador do direito "é aquele que traz a expectativa do uso de uma coerção externa que possa coexistir com a liberdade de cada um de acordo com uma lei universal. Portanto, é o elemento coercitivo[...]que possibilita ao direito garantir o máximo e igual exercício das liberdades individuais" (Kant, 2005, p. 25).

Portanto, a introdução da distinção entre o direito natural, ou direito privado, e o direito civil, ou direito público.

Agora que tecemos algumas considerações iniciais sobre a teoria kantiana da política e de formação do Estado, podemos prosseguir com a abordagem sobre a teoria do contrato social, cujo precursor é Thomas Hobbes, no início do século XVII, que será estudado no Capítulo 2. Podemos entender que a teoria do contrato social trata da existência de um estado de natureza anterior ao estabelecimento do contrato.

Esses autores têm diferentes posições com relação à condição humana no chamado *estado de natureza*, tendo, no entanto, a mesma opinião sobre o momento de sua superação, que deve acontecer a partir do momento em que os indivíduos se unam por meio do estabelecimento de um pacto, ou contrato, que os obriga, juridicamente, a cumprir alguns ordenamentos. Podemos citar Thomas Hobbes, que pensou no contrato como uma forma de estabelecer a submissão dos contratantes a um poder externo ao contrato, ao passo que outros filósofos, como Kant, afirmam que o estabelecimento do contrato é para sistematizar uma relação entre iguais.

Nesse sentido, Kant (2005) propõe a passagem do estado de natureza para o estado civil como uma estratégia coercitiva de garantia do exercício dos direitos naturais por meio do domínio estatal. O direito privado, para o filósofo, diz respeito aos direitos naturais dos indivíduos, provenientes do direito de liberdade, ressaltando que o direito privado é "um direito provisório, sendo ao mesmo tempo uma necessidade do homem eum dever moral passando do estado de natureza para o estado civil, a partir do estabelecimento de um direito público de caráter permanente"(Kant, 2005, p. 25).

Temos, em Kant (2005, p. 25), importantes considerações sobre as características do ser humano em seu estado de natureza e da propriedade. O filósofo considera, como característica essencial do ser humano, sua tendência "a se sociabilizar com os outros, mas esta propensão vem acompanhada[...] da inclinação de cada indivíduoparaseguir apenas a sua vontade", ainda que esta conflite com a opinião e a vontade dos outros. Scorza (2007) aponta que daí surge o conflito de interesses apresentado por Kant, o qual é o causador da violação por parte de um em relação à liberdade de outros, gerando o **constante estado de guerra**.

Você verá que, com base nesse argumento, o filósofo vai justificar a necessidade de criação de uma jurisdição competente, uma vez que os homens estão propensos a agir como juízes que julgam em causa própria. Esse fato ocorrido no estado de natureza, para Kant (2005), gera grande insegurança, provocando uma série de limitações para que os sujeitos desenvolvam seus potenciais pelo exercício de sua liberdade.

Diante desse estado de guerra, para Scorza (2007), a razão impele para o estabelecimento de um sistema de direito público que marca a passagem do estado de natureza para uma condição civil regida por um direito público, regulamentado pelo estabelecimento de um contrato social. Com base nessas premissas, podemos identificar a definição de Kant sobre o Estado, considerando-o "como a totalidade de indivíduos sob uma condição civil e legal em relação com os membros desta totalidade" (Scorza, 2007, p. 10). Assim, nesse contrato, cada indivíduo abre mão de sua liberdade irrestrita e torna-se um membro do Estado, o qual permite que cada um possa vivenciar sua liberdade natural submetendo-a a leis criadas pela sua própria vontade (Scorza, 2007).

Uma questão ainda precisamos responder ao estudarmos Kant: Qual seria sua forma ideal de governo?

Para Kant (2005), a **forma ideal de governo** é a república, que permite a criação de uma legislação comum que estabelece a igualdade de todos como cidadãos. O filósofo afirma que o governo republicano é aquele em que o Poder Legislativo está separado do Poder Executivo. Tal modelo de Estado proposto por Kant tem como inspiração a **teoria tripartite** de governo de Montesquieu (1979), que é formado por três pessoas: o soberano, a autoridade executiva e a autoridade judiciária. Para Montesquieu (1979, p. 616),

> o Poder Legislativo deveria ser exercido pelos representantes do povo, eleitos por este para a função de criar, derrogar ou modificar as leis do Estado. Já o Poder Executivo, deveria estar nas mãos de um monarca, responsável pela segurança nacional e pelas relações com outros Estados. Por fim, o Poder Judiciário caberia a membros do povo reunidos em tribunais provisórios destinados a decidir sobre disputas envolvendo indivíduos e questões criminais.

Segundo Kant (2005), o Legislativo seria o poder soberano, devendo ser exercido somente pela vontade unida do povo, formando um sistema em que não seria permitido ao legislador prejudicar os sujeitos de suas leis, visto que o próprio legislador estará na posição de sujeito. É interessante observarmos que, na república de Kant, o poder soberano seria exercido por representantes eleitos pelos cidadãos, sendo considerados cidadãos apenas os membros de uma elite conservadora.

Ressaltamos, por fim, as colocações de Scorza (2007) sobre a teoria política de Kant, pois considera que o filósofo dá uma significativa contribuição para a elaboração de uma concepção liberal de Estado, em que a garantia da liberdade individual é o grande objetivo do Estado. Assim, estabelece fundamentos racionais para a moral e para o direito, formulando uma teoria política, juntamente às ideias de outros pensadores liberais, que foi decisiva para a mudança do regime absolutista dominante na Europa até o fim do século XVIII e para a instauração de um modelo novo de Estado, o Estado constitucional liberal.

1.2.3 Georg Wilhelm Hegel: relação entre Estado, sociedade civil e política

Georg Wilhelm Hegel (1770-1831), certamente, é um dos filósofos alemães mais influentes de todos os tempos, principalmente, se levarmos em conta suas contribuições teóricas para os debates sobre moral, relação entre Estado, sociedade civil e política. Entre suas principais obras, podemos citar *Fenomenologia do espírito*, *Enciclopédia das ciências filosóficas*, *Ciência da lógica* e *Princípios de filosofia do direito*, esta a que mais nos interessa no momento. Nessa obra, Hegel apresenta um conjunto de considerações sobre o desenvolvimento racional e concreto da vida ética, política e jurídica de um povo. Hegel (1997) defende que os valores e costumes de um povo – assim como a realidade política, jurídica e moral que os conduz – são transitórios e vão mudando ao longo do tempo, até alcançar seu termo final, que é o estabelecimento do Estado.

Segundo Orrutea Filho (2015), é por meio da filosofia hegeliana que ocorre a identificação total entre *ser* e *pensamento*. Desse modo, em Hegel, essa visão dual entre ser e pensamento é eliminada, pois "o que é racional é real, e o que é real é racional" (Abbagnano, 1998, p. 497). Esse é o princípio proclamado no prefácio da sua obra *Princípios da filosofia do direito*, uma das teses principais de todo o hegelianismo.

Portanto, para Hegel (1997), a realidade e o pensamento compartilham da mesma estrutura, ou seja, o pensamento não é estático, e sim **dinâmico**, e vai avançando, dialeticamente, do mesmo modo que a realidade externa. Destacamos que seus estudos sobre dialética são outro elemento importante na filosofia de Hegel e que ela não aparece como mero discurso, mas como uma estrutura imanente à própria realidade. Como ele afirma, todo "conceito formado no entendimento é uma tese que abriga em seu próprio conteúdo uma tese contrária, e a partir desta oposição, deste conflito, é que o pensamento progride" (Hegel, 1997, p. 39).

Interessante é que, com base nessas elucubrações, Hegel (1997) desmonta o princípio lógico da identidade – estimado por outros filósofos como o mais importante – e anuncia o princípio da contradição como "a grande mola propulsora do pensamento e, de conseguinte, de toda a realidade" (Reale; Antiseri, 1991, p. 135). Desse modo, o princípio da contradição é aplicado ao exercício da razão, uma vez que é capaz de criar uma síntese, chamada por Hegel de *etapa da especulação*, ou *razão positiva*. "Por sua vez, essa síntese torna-se tese, que provoca a sua antítese, possibilitando uma nova síntese, e assim sucessivamente" (Inwood, 1997, p. 100).

Como afirma Hegel (1997, p. 39):

> Tal como o particular está contido no universal, também o segundo momento está, pela mesma razão, contido no primeiro e constitui apenas uma posição de que o primeiro já é em si. O primeiro momento, enquanto primeiro para si, não é verdadeira infinitude ou universal concreto, isto é, o conceito, mas apenas algo determinado, unilateral.

Com base na filosofia de Hegel, podemos entender uma **perspectiva dialética da realidade** em que há uma unidade entre os contrários, promovendo o movimento da realidade e do pensamento, conforme você pode perceber na citação, o universal e o singular se completam.

Outra questão a ser explorada é a forma como Hegel (1997) faz a associação da realidade social e jurídica de um povo por uma perspectiva dialética, levando em conta o movimento e a transformação impostos pela própria estrutura do real.

Segundo Orrutea Filho (2015, p. 10), essa estrutura "se move conforme as regras da dialética, o que torna a obra de Hegel uma referência na medida em que inspira outros pensadores que são inovadores tanto no campo social como político, tais como Karl Marx e Giovanni Gentile". Identificamos, então, em Hegel, a chamada *dialética absoluta*. Hegel segue esse

> método objetivando caminhar dedutivamente e passo a passo, a marcha do ser ou da Ideia através das formas que ela assume. Sendo assim, o Estado seria uma destas formas, sendo este Estado [...] o racional em si e para si. Esta unidade substancial é um fim em si absoluto. Que por sua vez tem o direito supremo em face dos indivíduos, cujo primeiro dever é – o de serem membros do Estado. (Costa, 2013, p. 20)

Hegel (1997) considera que o Estado foi instituído para garantir a liberdade das pessoas e a segurança das propriedades. Assim, é do interesse dos indivíduos que ele seja seu fim último e, como resultado, será lícito aos indivíduos ser ou não ser membro de um Estado, que, por sua vez, condensa uma realidade absoluta, na qual o indivíduo apenas tem objetividade, verdade e moralidade enquanto é membro de um Estado.

Devemos considerar também que, para o filósofo alemão, a essência do Estado é a **ideia**. Cabral (2019b) explica que, para Hegel, o Estado não é uma obra da arte humana, mas uma obra da razão, da ideia que, fundamentada no movimento dialético, o produz. O autor destaca que o Estado hegeliano existe para si em virtude de uma demanda natural, não havendo a necessidade de sua fundação pelo consentimento ou vontade dos indivíduos, portanto, o estabelecimento de um contrato é desnecessário. Cabral (2019b) defende que, pelo contrário, em vez de o Estado existir *para* e *pelos* indivíduos, são os indivíduos que existem *para* e *pelo* Estado.

Ainda, Cabral (2019b) alerta que,

> se a razão – em Hegel – é a certeza consciente de ser toda a realidade e se a verdade reside apenas no todo, as partes se tornam racionais à medida que participam do todo de forma consciente. Sendo assim, o Estado para Hegel é um todo ético organizado, ou seja, o verdadeiro,

já que é a unidade da vontade universal e da subjetiva. É [...] uma substância ética por excelência, significando, portanto, que Estado e a constituição são os representantes da liberdade concreta, efetiva.

Compreendemos, então, que o indivíduo tem uma relação jurídica com o Estado, isto é, tem um tribunal acima de si que efetiva o direito como liberdade. Afirma Hegel (1997, p. 45, grifo do original) que "cada Estado é uma totalidade *em si* e *para si*, e sua vontade reside na particularidade para a qual se volta (substância ética, o povo)". Veja que, ao fazer essa afirmação, Hegel nos mostra que não existe nada acima do Estado, necessitando, assim, ser reconhecido para que tenha sua legitimidade absoluta.

Outra questão que devemos considerar: Se o Estado é a razão efetivada, as diferenças em seu interior não levariam à sua superação, já que a lógica de Hegel sempre prevê uma síntese? Entendemos que, para o filósofo, as contradições no interior do Estado serviriam somente para aperfeiçoar suas instituições.

Julgamos relevante mencionar outra contribuição de Hegel para a composição da teoria política moderna, por meio de suas considerações e definições sobre a ideia de sociedade civil. Marcelino (2016) explica que, para autores como Maquiavel e Kant, existiria a **esfera particular** (da vida privada) e a **esfera pública** (do Estado). No entanto, para Hegel, haveria uma terceira esfera: a **sociedade civil**.

Moreira Neto (2010) destaca, em sua análise sobre a sociedade civil em Hegel, que a estruturação do mundo tem sua primeira esfera na família, cuja função consiste em satisfazer as necessidades primárias. Uma vez não satisfeitas, essas vontades particulares provocariam a passagem à saída dessa esfera primária. Desse modo, teria origem a chamada *sociedade civil*, local em que os homens buscariam estratégias para a realização de seus desejos: a **posse** e a **propriedade**. Para tanto, necessitariam de outros homens que produzissem aquilo que eles, individualmente, não conseguiram produzir. A troca entre os homens seria, portanto, a estratégia adotada para satisfação de seus desejos.

Há uma concordância entre diferentes autores no que concerne ao fato de que, para Hegel, a sociedade civil engloba a dimensão do social e o Estado engloba a dimensão moral, da ética, sedimentando um *Estado de direito*, que objetiva: "mediar as querelas particulares movidas pelos conflitos antagônicos entre os interesses materiais que dominam a sociedade civil e superá-los em prol do interesse universal" (Moreira Neto, 2010, p. 40-41).

Portanto, de acordo com Marcelino (2016), o Estado seria o *Estado da razão*, que determina e efetiva a vida ética, assegurando o direito universal de defesa e a organização dos interesses particulares.

Síntese

Neste capítulo, analisamos as contribuições das ciências sociais para a formação de conceitos sobre o Estado e as diferentes áreas de conhecimentos construídas nas ciências sociais, ao longo da história, para dar fundamento à chamada *ciência política* e, principalmente, à teoria geral do Estado.

Para saber mais

HAMLET. Direção: Cristiano Burlan. Brasil, 2014. 90 min.

O filme, baseado em uma tragédia shakespeariana, conta a história de um príncipe dinamarquês que almeja se vingar do tio que matou o seu pai e casou-se com sua mãe, viúva, para usurpar o trono. Durante o processo, o príncipe fica deprimido e pensam que ele está louco, possivelmente, em razão do amor que ele sentia por Ofélia. Após uma investigação, Hamlet a manda para longe e consegue provar que sua loucura não estava relacionada com sua paixão por ela. O filme destaca as características da era renascentista, uma vez que o protagonista vivencia crises diante de sua autonomia em usar a razão para tomar decisões.

Questões para revisão

1. O Renascimento foi o primeiro grande movimento artístico, científico, literário e filosófico da modernidade, iniciado na Europa nos séculos XIV, XV e XVI, tendo como principal expressão o desenvolvimento econômico e a formação de nova visão de mundo. Quais os dois elementos que compõem a base dessa concepção de mundo?
   a) Socialismo e fé.
   b) Individualismo e racionalismo.
   c) Socialismo e racionalismo.
   d) Fé e individualismo.
   e) Racionalismo e fé.

2. A ciência política surgiu como disciplina e instituição em meados do século XIX, período em que cresceu como *ciência do Estado*. A ciência política deve estar sempre alicerçada na observação empírica rigorosa e fundamentada em argumentos racionais. Assinale a alternativa que define corretamente *ciência política*:
   a) A ciência política ocupa-se, cientificamente, de política e significa não abandonar as opiniões e as crenças do vulgo, não formular juízos com base em dados imprecisos, mas apoiar-se nas provas dos fatos.
   b) A ciência política ocupa-se de crenças e significa abandonar as opiniões do vulgo, não formular juízos com base em dados.
   c) Ciência política significa abandonar as opiniões e as crenças do vulgo, não formular juízos com base em dados imprecisos, mas apoiar-se nas provas dos fatos.
   d) Ciência política significa não abandonar as opiniões e as crenças do vulgo, mas formular juízos com base em dados precisos.
   e) A ciência política ocupa-se, cientificamente, de política e significa abandonar as opiniões e as crenças.

3. Os precursores dos contratualistas propõem um modelo de Estado chamado de *orgânico*, cuja referência são dois grandes momentos da história da teoria geral do Estado. Quais são esses dois momentos históricos, segundo Martinez (2017)?
    a) Os clássicos da antiga Grécia e os contratualistas, no Renascimento.
    b) Os clássicos da Roma antiga e os weberianos.
    c) Os clássicos da Roma antiga e os contratualistas.
    d) Os clássicos da antiga Grécia e os weberianos.
    e) Os clássicos da antiga Grécia e os hobbesianos.

4. Kant (2005, p. 15) enuncia, em sua obra, o seguinte imperativo categórico: "age só segundo máxima tal que possas ao mesmo tempo querer que ela se torne lei universal, sendo contrária à moral toda ação cuja máxima não se enquadre neste enunciado". O que significa esse imperativo?

5. Para Maquiavel e Kant, existiria a esfera particular (da vida privada) e a esfera pública (do Estado). No entanto, para Hegel, haveria uma terceira esfera: a sociedade civil. Comente sobre o conceito de sociedade civil para Hegel.

Questão para reflexão

1. Tanto o Renascentismo quanto o Iluminismo foram movimentos importantes que modificaram a forma como as sociedades de suas épocas se compreendiam e estabeleciam suas relações sociais. Alguns artistas expressaram essa mudança de paradigma, em que se passa de uma concepção teocêntrica para uma concepção em que homem é o centro, tendo a razão como a chave explicativa para todos os fenômenos naturais e sociais. Você já ouviu falar da Capela Sistina, pintada por Michelangelo? Faça uma pesquisa sobre essa obra e elabore uma análise a respeito do lugar ocupado pelo homem diante da divindade.

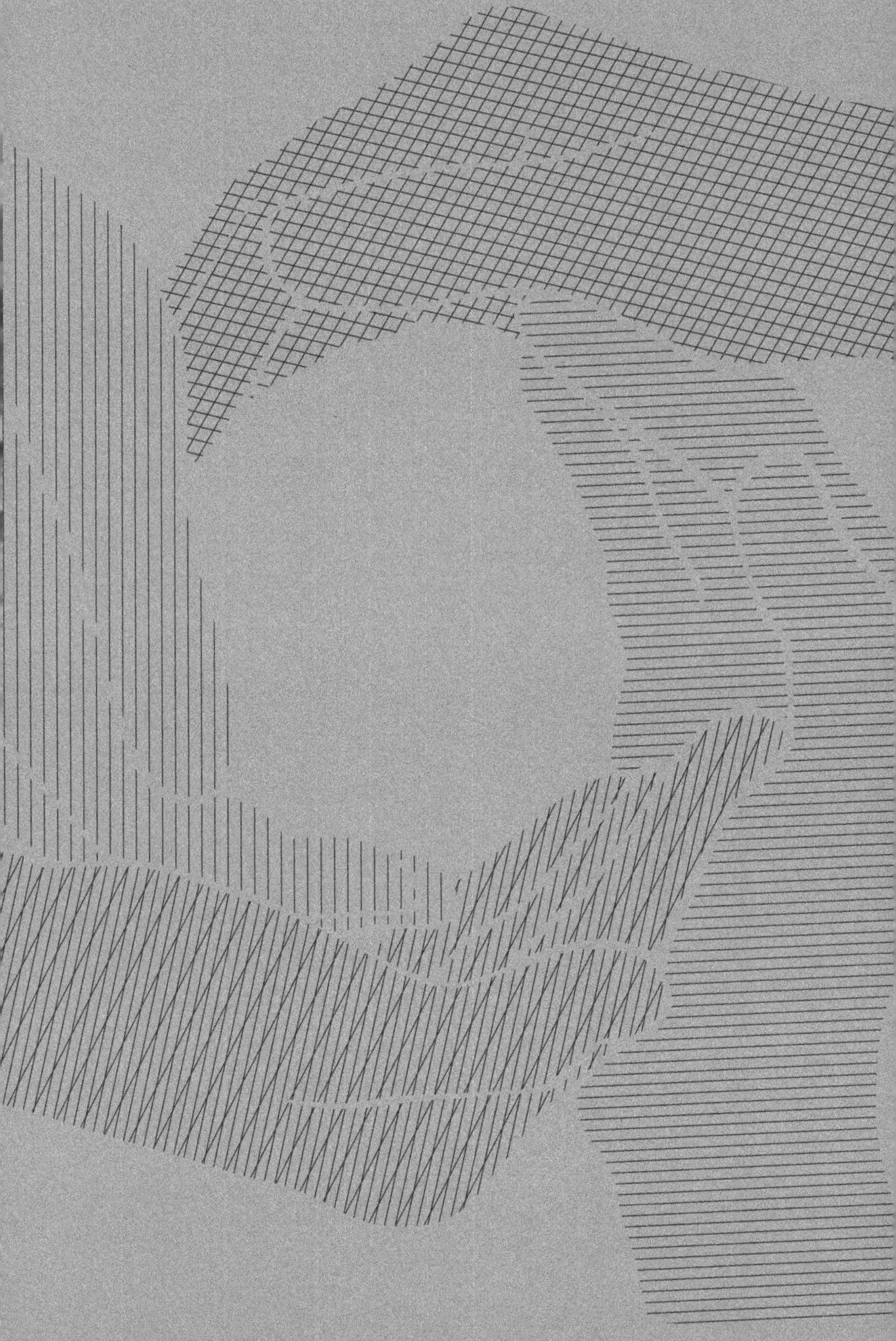

Raquel Barcelos de Araújo

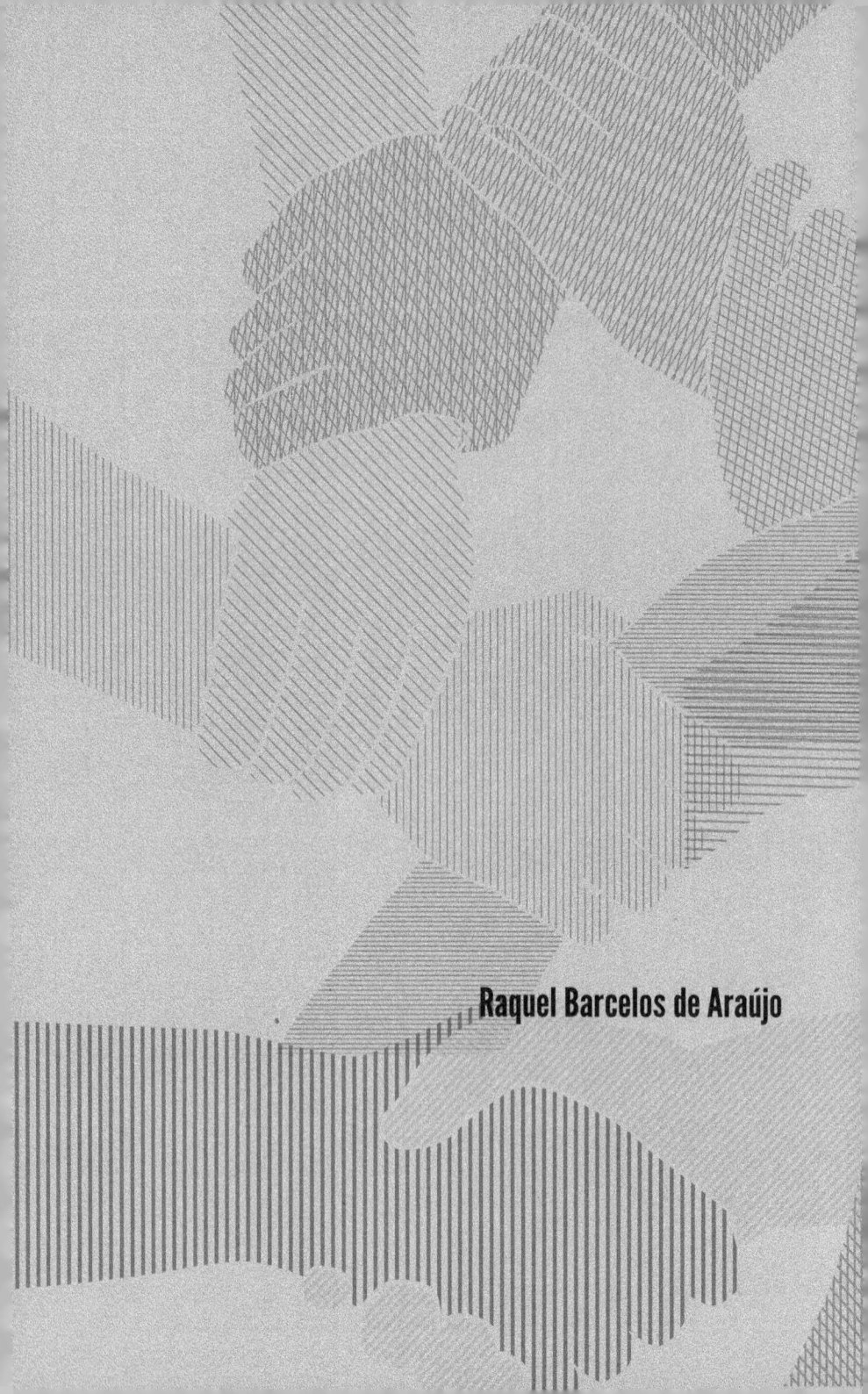

Capítulo 2

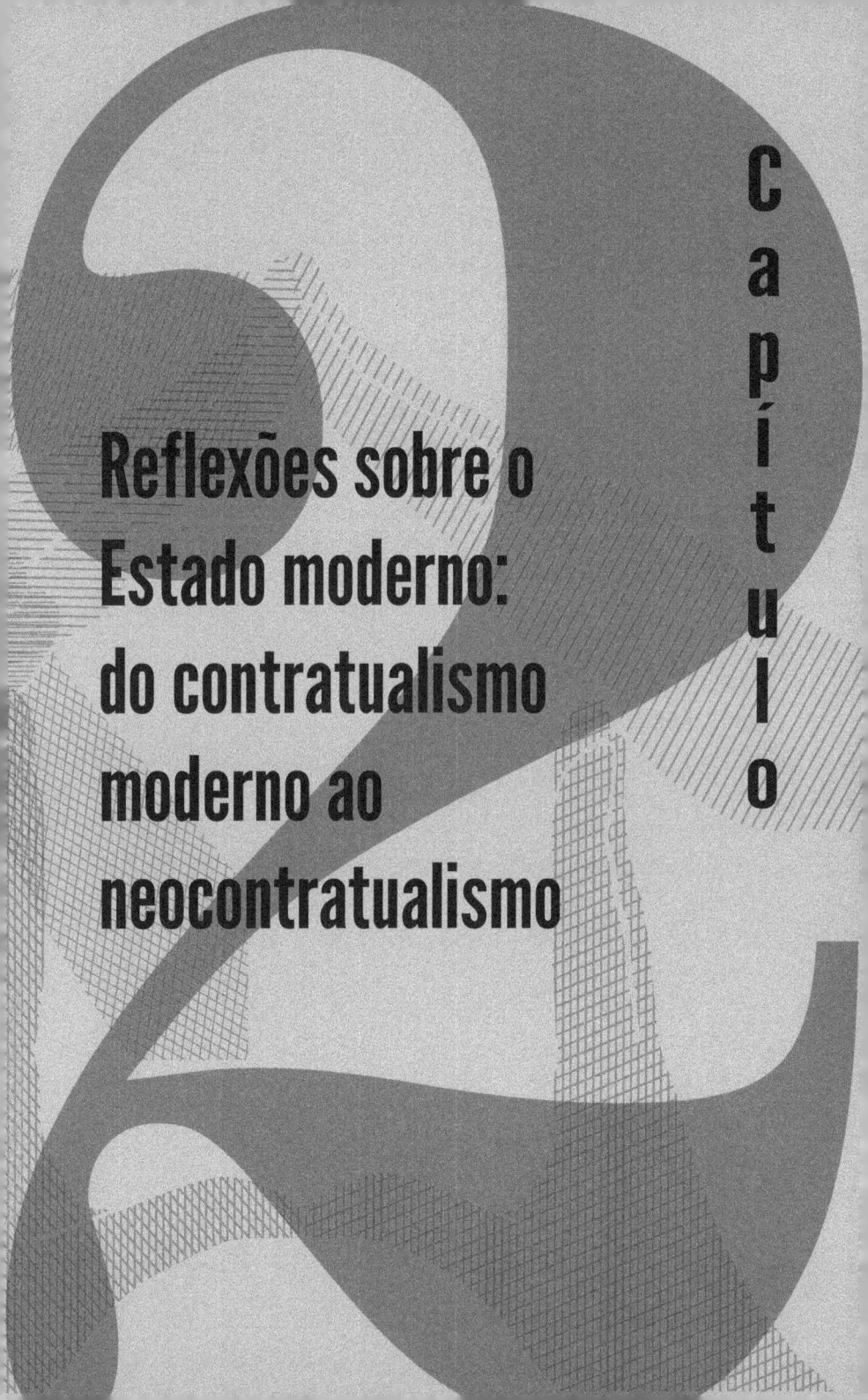

Reflexões sobre o Estado moderno: do contratualismo moderno ao neocontratualismo

Conteúdos do capítulo:

- Origem do Estado moderno.
- Primeiros formatos do Estado.
- Teoria contratualista e seus principais teóricos.
- Teóricos neocontratualistas.

Após o estudo deste capítulo, você será capaz de:

1. entender a origem do Estado moderno;
2. estabelecer as diferenças entre o processo de formação dos Estados: antigo, grego, romano, medieval e moderno;
3. compreender a concepção de contratualistas e de neocontratualistas sobre as teorias de Estado.

Neste capítulo, contemplaremos os estudos sobre a gênese do Estado moderno. Para tanto, faremos um resgate histórico sobre os primeiros formatos do Estado reconhecidos pelos cientistas políticos. Abordaremos também os teóricos contratualistas e neocontratualistas e suas contribuições para a formação da teoria geral do Estado moderno.

2.1 Gênese do Estado moderno

Para analisarmos as características do Estado moderno, é preciso retomar o debate sobre as origens do Estado. Desde já, é fundamental um esclarecimento sobre a noção de Estado que tem sido adotada por diferentes correntes teóricas, resultando em diversas concepções e conclusões sobre o que seria o Estado. A origem do nome vem do latim *status* – estar firme, significando *situação permanente de convivência*.

Como destacamos no capítulo anterior, o termo *Estado*, para descrever uma sociedade política, aparece pela primeira vez em *O príncipe*, de Maquiavel, escrito em 1513. Desde então, passou a ser utilizado pelos italianos sempre que se queria referir-se a uma cidade independente. Já França, Inglaterra e Alemanha têm os primeiros registros da expressão ao longo dos séculos XVI e XVII. Dallari (1998) alerta para o fato de que, na Espanha, até o século XVIII, usava-se também a denominação de *estados* para as grandes propriedades rurais de domínio particular, cujos proprietários tinham poder jurisdicional.

Assim, é consenso entre os cientistas políticos, como Dallari (1998, p. 60), que o termo

> Estado, indicando uma sociedade política, só aparece no século XVI [...], devemos considerar que o debate não se reduz a uma questão de nome, sendo mais importante os argumentos delineados por diferentes autores de que o nome Estado só pode ser aplicado com propriedade à sociedade política dotada de certas características bem definidas.

Observe que esse autor admite que a sociedade, ora denominada *Estado*, é fundamentalmente "uma designação a todas as sociedades políticas que, com autoridade superior, determinaram as regras de convivência de seus membros" (Dallari, 1998, p. 51).
De acordo com Dallari (1998), podemos mencionar três posições fundamentais:

1. Na primeira, tanto o Estado quanto a própria sociedade sempre existiram, desde que o homem vive sobre a Terra. O homem, desde sua origem, teria uma tendência natural de viver integrado a uma organização social, detentora de poder e de autoridade para regular e controlar o comportamento de todo o grupo. Portanto, o Estado é organizador e unificador de todo o ordenamento societário da humanidade.
2. Na segunda, considera-se que a sociedade humana existiu sem a presença do Estado ao longo de determinado período. Posteriormente, por uma série de fatores, foi constituído para atender às necessidades ou às conveniências dos grupos sociais. Segundo essa corrente teórica, não houve concomitância na formação do Estado em diferentes lugares, uma vez que este foi surgindo de acordo com as condições concretas de cada lugar.
3. Na terceira posição, há uma visão do Estado como uma sociedade política composta de certas características muito bem definidas. Para essa corrente teórica, o conceito de Estado não é um conceito geral válido para todos os tempos, mas um conceito histórico concreto que emerge quando surge a ideia e a prática da soberania, o que só ocorreu no século XVII.

Com base nisso, podemos entender que cresce o debate sobre a gênese do Estado, formando-se duas teorias principais que procuram explicar a formação originária do Estado, chegando-se a uma primeira classificação, a saber:

> a. Teorias que afirmam a formação natural ou espontânea do Estado, não havendo entre elas uma coincidência quanto à causa, mas tendo todas em comum a afirmação de que o Estado se formou naturalmente, não por um ato puramente voluntário.

b. Teorias que sustentam a formação contratual dos Estados, apresentando em comum, apesar de também divergirem entre si quanto às causas, a crença em que foi a vontade de alguns homens, ou então de todos os homens, que levou à criação do Estado. De maneira geral, os adeptos da formação contratual da sociedade é que defendem a tese da criação contratualista do Estado. (Dallari, 1998, p. 24)

Portanto, uma corrente teórica defende que as causas determinantes do aparecimento do Estado são naturais e não pressupõem um contrato. Trata-se **teorias não contratualistas**, que situam o núcleo social fundamental na família e explicam que cada família primitiva ampliou-se e deu origem a um Estado.

A outra corrente teórica defende a ideia de que somente seria possível a convivência entre os homens em sociedade com o estabelecimento de um contrato, em que cada indivíduo abriria mão de parte de sua liberdade em prol desse contrato, delegando ao Estado o papel de criar normas para regular as relações entre os homens. Trata-se das **teorias contratrualistas**.

Segundo Menezes (1999), na análise da evolução histórica do Estado, devemos considerar as formas fundamentais que ele tem adotado pelos séculos para chegar a uma tipificação do Estado. No entanto, para traçar esses tipos, devemos seguir uma ordem cronológica e delinear um roteiro de análise com objetivos didáticos para facilitar a compreensão do Estado moderno. O referido autor sugeriu uma sequência cronológica compreendendo as seguintes fases: Estado antigo, Estado grego, Estado romano, Estado medieval e Estado moderno.

- **Estado antigo, oriental ou teocrático** – Se retrocedermos ao máximo no tempo, encontraremos as formas do Estado que começavam a definir-se entre as antigas civilizações do Oriente, propriamente dito, ou do Mediterrâneo. A família, a religião, o Estado e a organização econômica formavam um conjunto confuso e sem diferenciação aparente. O resultado é a não distinção do pensamento político da religião, da moral, da filosofia ou das doutrinas econômicas. No entanto, Dallari (1998) assevera que é preciso ponderar dois pontos característicos do Estado desse período: *a natureza unitária* e a *religiosidade*. No que diz respeito ao fator religioso, considera-se muito significativo. O Estado, nesse período, é classificado como teocrático, em que há uma estreita relação entre o Estado e a divindade.

Veja que interessante! O governo era unitário, e o governante era tido como um representante do poder divino, sendo, por vezes, tratado como a própria divindade. Dallari (1998) explica que, em alguns casos, o poder do governante é limitado pela vontade da divindade, representada por um órgão especial: a classe sacerdotal. Assim, temos o que Dallari (1998, p. 51) chama de "convivência de dois poderes, um humano e um divino, variando os graus de influência, segundo circunstâncias de tempo e lugar".

- **Estado grego** – Ao analisarmos os autores que tratam desse formato de Estado, verificamos que não se tem notícia da existência de um Estado único, englobando toda a civilização helênica. Desse modo, podemos falar apenas genericamente no Estado grego pela identificação de certas características fundamentais e comuns a todos os Estados que floresceram entre os povos helênicos. Embora possamos perceber diferenças profundas entre os costumes adotados em Atenas e em Esparta, dois dos principais Estados gregos, Dallari (1998) aponta que a visão de ambos como sociedade política era muito semelhante, além de que a característica principal é a cidade-Estado, ou seja, a *pólis*. O ideal visado era a autossuficiência, a autarquia, na qual a sociedade era constituída por diversos pequenos burgos, formando uma cidade completa, com todos os meios de abastecer-se por si. Ressaltamos que, no Estado grego, o indivíduo tinha uma posição peculiar, e o governo era tido como democrático, uma vez que apenas uma faixa restrita da população participava das decisões políticas – os chamados *cidadãos*, que eram membros da elite.

- **Estado romano** – Ao considerarmos algumas pesquisas sobre essa forma do Estado, verificamos que ele começou com um pequeno grupo de pessoas, apresentando diferentes formas de governo. Os governos que compunham esse Estado tinham como meta a conquista de diferentes povos e territórios, objetivando a criação de um grande império, com a implementação de uma mesma cultura e de uma única forma de governo. Entretanto, Dallari (1998) alerta para o fato de que, mesmo diante do extraordinário volume de conquistas, Roma sempre manteve as características básicas de cidade-Estado: "o domínio sobre uma grande extensão territorial e especialmente a força do cristianismo. Fatores que iriam determinar a superação da cidade-Estado, resultando no advento de novas formas de sociedade política, englobadas no conceito de Estado Medieval" (Dallari, 1998, p. 53).

Dallari (1998) ainda destaca que uma das características importantes do Estado romano seria ter a família como núcleo fundante de sua organização social e considera, então, que essa forma primitiva do Estado teve sua origem com a união de grupos familiares (as *gens*).

Veja que interessante! Os governantes supremos eram os magistrados, uma classe formada por pessoas que pertenciam às famílias descendentes dos grupos familiares que deram origem ao Estado. Gradativamente, em longa e lenta evolução, outras camadas sociais foram conquistando e ampliando seus direitos, dando origem, assim, ao denominado *Estado medieval*, que estabeleceu os impérios, cujo centro do poder era Roma, a integração jurídica dos povos conquistados, mantendo um sólido núcleo de poder político.

- **Estado medieval** – Esse Estado é fruto de um período de grandes transformações. Alguns autores consideram a Idade Média como o período das trevas na história da humanidade. No entanto, segundo Dallari (1998), é possível apontar a configuração e os princípios indicativos das sociedades políticas que trouxeram novos fatores, rompendo com a rígida e bem-definida organização romana. Então, novas possibilidades foram sendo criadas até se chegar à composição do chamado *Estado moderno*. Para efeitos puramente didáticos, apresentaremos, separadamente, os principais elementos que se fizeram presentes na sociedade política medieval e que culminaram na formação do Estado medieval: o cristianismo, as invasões dos bárbaros e o feudalismo. Segundo

Dallari (1998), a imposição do cristianismo como a religião principal levou à conclusão de que todos os cristãos deveriam ser integrados a uma só sociedade política. Desse modo, buscou-se um Estado universal, em que todos os homens seriam conduzidos pelos mesmos princípios, assumindo as mesmas normas de comportamento público e particular.

Veja que interessante! Os imperadores da época negavam-se a render-se à autoridade da Igreja e, até mesmo, queriam opinar sobre as questões dos eclesiásticos. Do mesmo modo, os eclesiásticos chamados papas lutavam para comandar o governo dos imperadores. Essa luta pela dominação político-religiosa marcaria os últimos séculos da Idade Média, dando origem ao Estado moderno. A esses fatores, soma-se a influência do feudalismo.

Menezes (1999) defende que, para entender a organização feudal, é preciso ter em conta que as invasões e as guerras internas geraram dificuldades para o desenvolvimento do comércio. Entretanto, a posse da terra era extremamente valorizada, e todos – ricos ou pobres, poderosos ou não – deveriam tirar os meios de subsistência. Assim, toda a vida social passa a depender da propriedade ou da posse da terra, desenvolvendo-se um sistema administrativo e uma organização militar estreitamente ligados à situação patrimonial. Instaura-se, então, a confusão entre o setor público e o privado.

Estado moderno – Os pressupostos para o estabelecimento do Estado moderno foram criados com base no sistema feudal, que apresentava uma estrutura econômica e social de pequenos produtores individuais, formada por unidades familiares voltadas à produção de subsistência. Ao longo do tempo, algumas famílias foram tornando-se proprietárias, tanto dos latifundiários quanto dos que adquiriram o domínio de áreas menores. Entretanto, os senhores feudais já não toleravam as exigências de monarcas que impunham uma tributação indiscriminada e mantinham um estado de guerra constante, que redundava em prejuízo à vida econômica e social.

Segundo Dallari (1998, p. 53), esses fatores, ao longo do tempo, "foram despertando a consciência para a busca da unidade, que afinal se concretizaria com a afirmação de um poder soberano", ou seja, um novo tipo de Estado que deveria ter como característica básica a unidade territorial dotada de um poder soberano (Dallari, 1998, p. 53).

Veja que interessante! Os elementos essenciais para o surgimento do Estado moderno foram a soberania e a territorialidade. A maioria dos autores indica também a importância da relação entre outros elementos que dão materialidade ao Estado: território e povo; e autoridade e governo, ou soberania.

Para Dallari (1998, p. 30), na relação entre povo e território, o que existe é "um vínculo jurídico, que seria, na realidade, um sistema de vínculos, pelo qual uma multidão de pessoas encontra a própria unidade na forma do direito". O autor considera, ainda, outro elemento fundamental – a pessoa estatal –, que, por sua vez, teria a capacidade para o exercício de duas soberanias: uma pessoal, exercida sobre o povo; outra territorial, sobre o território.

Com base nessas considerações, você compreendeu a trajetória histórica de formação do Estado, o que possibilita avançarmos nas reflexões sobre a finalidade do Estado, uma vez que, como procuramos demonstrar, há uma finalidade própria do Estado, que não deixa de ser política, mas que apresenta certas peculiaridades.

Perceba que, para ter uma ideia completa do Estado, precisamos de clareza sobre seus fins. Entretanto, é preciso reconhecer que há circunstâncias em que o Estado é pressionado a ceder a outros fins que não os seus, o que mostra estreita relação entre os fins do Estado e as funções que ele desempenha.

Dallari (1998) considera que uma primeira classificação, de caráter mais geral, estabelece a distinção entre os fins objetivos e os fins subjetivos do Estado. Veja quais seriam essas finalidades:

- **Fins objetivos** – Dizem respeito ao papel representado pelo Estado no desenvolvimento da história da humanidade. Alguns autores consideram que existem fins universais objetivos, ou seja, fins comuns a todos os Estados, em todos os tempos.
- **Fins subjetivos** – Referem-se à possibilidade de uma relação entre os Estados e os fins individuais. Os autores que seguem

essa linha, como Dallari (1998, p. 55), consideram que "o Estado é sempre uma unidade de fim, ou melhor, é uma unidade conseguida pelo desejo de realização de diversos fins particulares, sendo importante localizar nos fins que conduzem à unificação". Essa vertente baseia-se, então, no entendimento de que o aparato estatal não tem poderes de natureza imparcial e inanimada, já que tem origem e se desenvolve pela interferência da vontade humana, que faz as suas projeções e traça estratégias para alcançar seus objetivos.

Devemos considerar também uma segunda concepção sobre a relação do Estado com os indivíduos. Dallari (1998, p. 57) elucida que essa vertente interpretativa está ligada "à amplitude das funções do Estado, e leva em conta o comportamento do Estado em função dos objetivos a atingir, propõe fins expansivos, fins limitados e fins relativos". De acordo com Dallari (1998), vejamos:

- **Fins expansivos** – Enquadram-se, aqui, todas as teorias que, dando grande amplitude aos fins do Estado, preconizam seu crescimento desmesurado, a tal ponto que o indivíduo é anulado.
- **Fins limitados** – São favoráveis aos fins limitados todas as teorias que dão ao Estado a posição de mero vigilante da ordem social, não admitindo que ele tome iniciativas, sobretudo, em matéria econômica. Ressaltamos que, entre os teóricos que defendem essa posição, estão os chamados *contratualistas*, uma vez que os limites colocados ao Estado estariam expressos em um contrato.
- **Fins relativos** – Nessa vertente, temos os autores considerados ecléticos, que propunham um meio-termo, reduzindo quantitativamente a expansão ou a limitação das ações do Estado. Trata-se uma vertente que leva em conta a necessidade de ações novas dos indivíduos em seu relacionamento entre si, bem como nas relações entre o Estado e os indivíduos. O fundamento dessa concepção seria a premissa de que a solidariedade é a razão pela qual indivíduos e Estado devem organizar-se, sendo, portanto, denominada de *teoria solidarista*.

Veja que estabelecer um conceito único do Estado para estudar e compreender essa instituição é impossível, pois não há uma base única doutrinária. Desse modo, relacionamos diferentes pontos de vista para que você perceba que, por mais que os autores se esforcem para chegar a um conceito objetivo, haverá sempre um traço de subjetividade, delineando a possibilidade de grande variedade de conceitos.

Assim, podemos concluir que a finalidade do Estado é o **bem comum**, que, conforme Dallari (1998, p. 56), é "o conjunto de todas as condições de vida social que consintam e favoreçam o desenvolvimento integral do ser humano". E, ao buscar o bem comum de certo povo, situado em determinado território, deve possibilitar o desenvolvimento integral de seus membros considerando suas particularidades (Dallari, 1998, p. 56).

2.2 Teoria geral do Estado do contrato social

Voltando alguns séculos, podemos identificar que um dos temas importantes que ocuparam os debates filosóficos foi o advento da chamada *sociedade civil*, por volta do século XIV. É nesse contexto que surgem as teorias contratualistas, que buscam refletir sobre a criação de um Estado que se voltasse as relações humanas. Desse modo, criam-se diversos conceitos sobre o chamado *estado de natureza*, que é anterior ao surgimento da sociedade civil.

No estado de natureza, leis ou normas sociais seriam ausentes, no entanto, ao longo do tempo, os homens perceberiam a necessidade da criação de um pacto social, ou melhor, de um contrato social. Nesse contrato, seria estabelecido um acordo entre os indivíduos a fim de reconhecer uma autoridade denominada *Estado*; criar um conjunto de regras que possibilitassem a vida em sociedade; e implementar um regime político para fundamentar essa vida em sociedade.

Agora, estudaremos o conceito de contratualismo, bem como parte da obra dos principais contratualistas da história: Thomas Hobbes, John Locke e Jean-Jacques Rousseau.

Figura 2.1 – Principais contratualistas

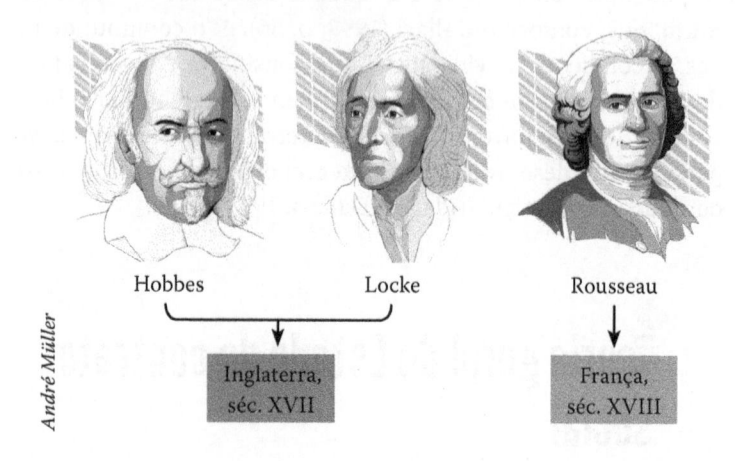

Hobbes — Inglaterra, séc. XVII
Locke — Inglaterra, séc. XVII
Rousseau — França, séc. XVIII

André Müller

2.2.1 Conceito de contratualismo

De acordo com Matteucci (1998), em sentido amplo, o contratualismo abarca todas as teorias políticas que pressupõem a origem da sociedade e o fundamento do poder político com base em um contrato, ou seja, um acordo implícito, ou expresso, entre a maioria dos indivíduos. Tal acordo redundaria no fim do estado natural e no início do estado social e político. Entretanto, se ponderarmos o conceito em um sentido mais restrito, esse termo refere-se a uma escola que floresceu na Europa, entre o começo do século XVII e o fim do XVIII, cujos principais expoentes foram Thomas Hobbes (1588-1679), Baruch Spinoza (1632-1677), Samuel Pufendorf (1632-1694), John Locke (1632-1704), Jean-Jacques Rousseau (1712-1778), Immanuel Kant (1724-1804).

Segundo Matteucci (1998), devemos considerar três níveis diversos de explicação:

1. O primeiro tem como base uma série de dados antropológicos: o ponto de partida é a origem do homem, tornando claro que as necessidades o impelem a buscar pelo consenso como uma estratégia de poder político que viabiliza a vida social. Nesse terreno, o contratualismo encontra-se com outras teorias que, no plano histórico, revelam-se bastante aguerridas.
2. No segundo nível, o que predomina é o elemento jurídico como categoria essencial da sintaxe explicativa: é que se vê, exclusivamente no direito, a única forma possível de racionalização das relações sociais ou de sublimação jurídica da força. Cria-se a necessidade de consolidar o Estado, seja por imposições (leis), em um momento em que o direito criado pelo soberano tende a substituir o direito consuetudinário[1], seja por meio de seu aparelho repressivo.
3. O terceiro nível está estreitamente ligado à história política e às especificidades constitucionais deste ou daquele país. Os contratualistas pertencentes a esse nível defendem mais eficácia prática na efetiva organização do poder político.

Veja que o contratualismo cria o contrato social como estratégia de consenso entre os membros da sociedade para dar origem ao direito e ao Estado. É um movimento que diferencia o **estado de natureza**, momento em que os homens teriam vivido sem qualquer vínculo de subordinação à autoridade política, do **estado social**, que foi criado por meio de um contrato/pacto.

Assim, a chamada **teoria do contrato social** é um dos frutos do jus racionalismo predominante nos séculos XVII e XVIII, momento em que os contratualistas fundamentam a necessidade

---

1 Consuetudinário: que se faz por hábito, costume; habitual, acostumado. Juridicamente, significa direito não escrito, fundamentado no uso, no costume ou na prática, ou seja, observado com regularidade no modo como alguém se comporta; costumeiro. Adquirido pela prática, pelos costumes ou por comportamentos sociais. Relativo aos hábitos e costumes de um povo ou sociedade (Consuetudinário, 2019).

da celebração de um pacto social para a formação do Estado, por um caminho metodológico que passa por uma série de conjecturas sobre estado de natureza; contrato social; e estado civil. Garante-se, então, a existência, com base em um contrato, da sociedade civil, do Estado, de leis e do governo.

Você conhecerá, a seguir, como os principais contratualistas da modernidade trabalharam esse trinômio.

2.2.2 Thomas Hobbes: "O homem é o lobo do homem"

Thomas Hobbes (1588-1679) foi um filósofo, matemático e teórico político inglês. Entre suas obras, destacamos *Leviatã* (1651) e *Do cidadão* (1642). Na primeira, Hobbes teceu suas considerações sobre a natureza humana, sobre a necessidade de um governo e de uma sociedade fortes. O livro *Leviatã* será a base para nossa análise a respeito da visão hobbesiana do estado de natureza, do contrato social e do estado civil.

Antes de abordarmos as considerações de Thomas Hobbes sobre esses três elementos hermenêuticos, apresentaremos um pouco do contexto político em que ele viveu.

Hobbes viveu grande parte de sua vida (final do século XVI e início do século XVII) em meio a uma guerra civil intensa, que varreu a Inglaterra pela disputa do poder entre a monarquia e o parlamento inglês. Ao presenciar esses fatos, ele sugeriu um fundamento racional para a sociedade e para o poder político, e não mais um fundamento teológico, objetivando o estabelecimento da paz. Para tanto, o filósofo foi buscar, em diferentes correntes teóricas, em especial, na teoria mecanicista do físico italiano Galileu Galilei, respostas para a superação da fundamentação teológica da realidade social e da política inglesa. Nesse sentido, o também físico Hobbes apropria-se da lógica mecanicista e escreve, no livro *Leviatã*, suas proposições para a fundação de uma nova sociedade e de um novo ordenamento jurídico e político.

Hobbes iniciou suas proposições em um estágio da vida humana anterior à vida em sociedade, o chamado *estado de natureza*. Segundo Cabral (2019a), no estado de natureza hobbesiano, por serem considerados iguais, os homens teriam liberdade para fazer o que fosse preciso para a satisfação de suas necessidades e, para isso, poderiam valer-se de todos os meios possíveis. No entanto, para Hobbes (2003, p. 100), os homens são maus por natureza, chegando à seguinte máxima: "o homem é o lobo do próprio homem". Desse modo, podemos entender que, segundo Hobbes, o homem usa da força para impor a sua vontade sobre os outros homens e, uma vez tendo posse de algum objeto, não conseguiria dividir ou compartilhar com outros homens, em razão de sua tendência natural ao egoísmo.

De acordo com Hobbes (2003), haveria, no estado de natureza, o predomínio das paixões, da guerra, do medo, da pobreza, do isolamento, da barbárie, da ignorância, da bestialidade, sendo a vida do homem de solidão, mísera, repugnante e brutal. Nesse sentido, "todo homem é potencialmente uma ameaça a outro homem [...] e as paixões são subjetivas e inumeráveis, mas todas tendem a um fim máximo: a preservação da vida e a supressão da dor" (Hobbes, 2003, p. 100). Instaura-se um estado de guerra – no qual ocorre a luta de todos contra todos.

O homem não é naturalmente sociável e, para fugir daquele estado de guerra generalizada de todos contra todos, decide pela criação do Estado, com base em um **contrato social** que visa à suspensão do poder ilimitado de cada um e a um redirecionamento desse poder (poder de polícia) para a manutenção da ordem e da estabilidade.

Com base nessas considerações, podemos entender que, para Hobbes, o que caracteriza a sociedade civil é esse lugar de disputa que envolve grupos de indivíduos para além das disputas individuais, em que se busca, por meio da dominação, uma defesa contra a dominação de outrem.

Para evitar essa situação de constante incerteza, os indivíduos concordam com um contrato social, estabelecendo, portanto, a *sociedade civil*. Hobbes (2003) entende a sociedade civil como uma reunião de indivíduos sob uma autoridade soberana, na qual há um consenso em ceder alguns direitos, ou parte de seu direito natural, a todas as coisas, em troca de proteção, especialmente, na forma de garantia dos acordos entre indivíduos.

> Que um homem concorde, quando outros também o façam, e na medida em que tal considere necessário para a paz e para a defesa de si mesmo, em renunciar a seu direito a todas as coisas, contentando-se, em relação aos outros homens, com a mesma liberdade que aos outros homens permite em relação a si mesmo (Hobbes, 2003, p. 113)

Portanto, para Hobbes (2003), o grande Leviatã, o Estado, é esse artifício humano capaz de sanar essas desordens pelo chamado *jus positivismo*, que nada mais é do que o entendimento de que a lei natural deve ser extinta e substituída pela ordem convencional, artificial, inventada pelos homens, tendo em vista um bem comum, que é a preservação da vida. Assim, Hobbes torna-se o primeiro filósofo moderno a articular uma teoria detalhada do contrato social, com sua obra *Leviatã*, escrita em 1651.

Hobbes (2003) argumenta em favor do estabelecimento da monarquia absolutista, colaborando com vários conceitos importantes para o pensamento liberal europeu. Parte de seu apoio a uma monarquia absoluta deve-se à defesa de um governo central forte, que precisaria ser capaz de evitar guerras civis. Nesse arranjo social, é vedado aos indivíduos qualquer forma de resistência ao poder da autoridade soberana, pois a soberania dessa autoridade seria oriunda da submissão do poder soberano dos próprios indivíduos, que concordaram em ceder esse poder em troca de proteção.

Segundo Cabral (2019a), para Hobbes, o argumento de que somos coagidos por tal autoridade equivale a dizer que somos coagidos por nós mesmos, o que é de total incoerência. Desse modo, o filósofo não reconhece a possibilidade de abuso de poder por parte da autoridade nem a separação de poderes. No arranjo proposto por Hobbes, o poder da autoridade soberana abrange até os poderes eclesiásticos, incluindo o exército, o judiciário e o poder civil.

Hobbes (2003, p. 112, grifo do original) explicita suas proposições conceituando *contrato*, isto é, "a transferência mútua de direitos é aquilo a que se chama *contrato*". Nessa formulação, há três elementos que precisamos retomar: *transferência*, *mútua* e *direitos*. Compreenda que *transferência* diz respeito ao ato de entregar algo a alguém, ou seja, refere-se a um ato direcionado, demandando um receptor, isto é, alguém a quem se destina a coisa ou direito o que o contratante está transferindo.

Já a palavra *mútua* significa a reciprocidade exigida no contrato, isto é, o contratante opera na certeza de que o outro contratante agirá de igual forma. O contrato requer igual envolvimento de todas as partes contratantes. Hobbes ressalta que ter *direito* a algo significa poder ou ter a liberdade de chamar esse algo de *meu*, de forma legítima.

Ao nos debruçarmos sobre a obra de Thomas Hobbes, evidenciamos suas proposições para o estabelecimento de uma teoria contratual que pretende solucionar os dilemas vivenciados pela Inglaterra e pelo mundo moderno, propondo a passagem do estado de natureza para o estado civil, fundamentada na constituição de um contrato social que estabelece a sociedade civil mediante a atuação do soberano Leviatã – o Estado –, que intenciona a manutenção da liberdade e o estabelecimento da paz por meio de um governo monárquico absolutista.

2.2.3 John Locke: o empirista liberal

Convidamos você a conhecer o filósofo inglês John Locke (1632-1704), que foi uma das principais influências para a formação da doutrina filosófica conhecida como *empirismo* e um dos ideólogos do liberalismo e do Iluminismo, nascido em 29 de agosto de 1632 na cidade inglesa de Wrington.

Para John Locke, a busca pelo conhecimento deveria acontecer com base em experiências, e não por deduções ou especulações. Desse modo, as experiências científicas devem ser fundamentadas na observação do mundo. O empirismo filosófico desconsidera também as explicações baseadas na fé. Como um contratualista típico, Locke parte do estado de natureza para explicar a objetividade da existência humana. Para ele, o estado de natureza requer que imaginemos o estágio fictício da evolução política, do qual teriam início as instituições, as sociedades modernas. Feitas essas considerações, pensemos no estado de natureza segundo John Locke.

Locke (1998) retrata o estado de natureza como um lugar onde não há governo exercendo qualquer poder sobre as pessoas. É um lugar de

> perfeita liberdade para regular suas ações e dispor de suas posses e pessoas do modo como julgarem acertado dentro dos limites da lei da natureza, sem pedir licença ou depender da vontade de qualquer outro homem. E também um estado de igualdade, em que é recíproco todo o poder e jurisdição, não tendo ninguém mais que outro qualquer. (Locke, 1998, p. 382)

Você pode compreender que, no estado de natureza, não há uma lei pactuada por todos que sirva de parâmetro. Locke (1998) entende que cada um está livre para decidir sobre suas atitudes, é independente e igual para disponibilizar o que tem. Nesse contexto, afirma que os homens são senhores e donos de suas atitudes, portanto são iguais, já que são seres da mesma espécie e posição.

Com base nessas considerações, Locke (1998) alega que não pode existir uma autoridade a ser escolhida para dar poder a um indivíduo sobre os outros, pois, no estado de natureza, não há dependência nem subordinação, mas sim a perfeita liberdade e igualdade. Portanto, podemos compreender que, para esse filósofo, o estado de natureza é um estado em que o homem está sujeito a algumas leis de responsabilidade dos próprios homens, que são as leis naturais, como "não prejudicar a outrem em suas vidas, saúde, liberdade ou posses" (Locke, 1998, p. 382).

O filósofo pondera: Há "sentido a natureza impor algumas regras para a existência do ser humano se não houvesse alguém para executá-las?". E responde: "não, já que esse alguém é o próprio homem, se ele herdou as regras naturais cabe a ele cumpri-las" (Locke, 1998, p. 382).

De acordo com Netto (2007, p. 5), para Locke, na hipótese de algum indivíduo estar transgredindo, propositalmente, as regras naturais, ele torna-se perigoso para a humanidade, pois está, ao mesmo tempo, ultrajando a perfeita liberdade e igualdade: "liberdade restringida pelas leis naturais e igualdade quando trata seu semelhante desigualmente".

Ao imaginar o estado de natureza dessa forma, Locke (1998) confere aos indivíduos alguns direitos:

> 1) o de castigar o crime e preveni-lo e, 2) reivindicar ou obter reparação do dano causado, que caberá somente a parte prejudicada. [...] se o homem pode legalmente tirar a vida de outro no estado de natureza quando a situação requerer, poderá do mesmo modo castigar de maneira proporcional a outros delitos menores. (Locke, 1998, p. 142)

Entretanto, é, no mínimo, curioso Locke (1998) atribuir o poder executivo da lei da natureza ao homem e a responsabilidade de, por meio da razão, decidir o que ele quer fazer. Poderíamos fazer algumas perguntas ao filósofo: Uma vez que o ser humano é movido por suas paixões e por juízo de valores característicos de sua subjetividade, ele seria capaz de julgar corretamente algum transgressor sem cometer injustiças? Como ser juiz de sua própria causa sem ser parcial?

Netto (2007) pondera que, diante desse dilema, surgem alguns questionamentos no sentido de pensar se o estado natural, em Locke, é mesmo um estado de liberdade ou de licenciosidade. Considera a autora que essa "licença irrestrita dos homens traz a inconsistência e incerteza que implicam, para John Locke, a necessidade de institucionalizar uma ordem superior que dê suporte legal para que se possa disciplinar as relações entre as pessoas", promovendo o equilíbrio do ordenamento societário ao confrontar as ações dos homens àquelas situações em que a liberdade irrestrita possa redundar em perigo ao convívio entre os homens (Netto, 2007, p. 40).

Portanto, para John Locke (1998), o estabelecimento de uma organização institucional – chamada por ele de *governo civil* – é de fundamental importância. Dessa forma, a resposta está no estabelecimento de um acordo entre as pessoas para que possam viver em harmonia e garantir seus direitos, o que seria um **pacto social** ou **contrato social**.

> A única maneira pela qual uma pessoa qualquer pode abdicar de sua liberdade natural e revestir-se dos elos da sociedade civil é concordando com outros homens em juntar-se e unir-se em uma comunidade, para viverem confortável, segura e pacificamente uns com outros, num gozo seguro de suas propriedades e com maior segurança contra aqueles que dela não fazem parte. (Locke, 1998, p. 468)

Temos, então, a justificativa de Locke para o estabelecimento do pacto social que promove a união por consentimento dos homens para formar um corpo político sob um governo único, que estará subordinado à determinação da maioria. Desse modo, os indivíduos criam um poder legítimo para governá-los.

Devemos considerar, no estudo da obra de Locke (1998), um conceito que é de suma relevância para ele: a propriedade. No livro *Segundo tratado sobre o governo*, Locke atribui a ela as principais justificativas para o homem abrir mão da liberdade do estado de natureza e submeter-se ao governo civil.

De acordo com Netto (2007, p. 40), o objetivo principal para os homens unirem-se em sociedades políticas e submeterem-se a um governo é "a conservação de sua propriedade".

Por ter o direito e o dever de preservar sua vida, caberá ao homem suprir suas necessidades básicas de subsistência a partir dos recursos que a natureza oferece, sendo esse ato anterior e independente da sociedade civilmente organizada. Diante dessas argumentações feitas por Locke, poderíamos perguntar como determinar qual recurso pertence a quem, bem como se todos têm direito às coisas que a natureza oferece.

Atente que Locke (1998) se fez esse questionamento, e a resposta é uma das grandes razões para que os homens instituam um poder legítimo que possa garantir seus direitos, ou seja, aquilo que o homem conquista – e, portanto, possui por direito – deverá ser garantido por um poder superior, como um governo civil. Institui também que, para que o homem possa ter direito à propriedade legítima sobre algo, deve realizar trabalho.

E o que seria propriedade para Locke? Peter Laslett (citado por Locke, 1998, p. 150) faz a seguinte consideração:

> Será lícito nos queixarmos de que Locke não deixa suficiente claro qual definição de propriedade ele utiliza em cada contexto. Mas o fato de ele admitir que a propriedade material, a propriedade dos objetos naturais misturados com o trabalho, representasse vários ou todos os direitos abstratos do indivíduo.

Assim, a propriedade diz respeito a algo que faz parte do indivíduo, sendo pessoal e inerente a ele. Locke (1998) considera que a liberdade e a igualdade fazem parte também da propriedade individual, porque são parte do indivíduo. Portanto, a propriedade está disponível para todos, de igual forma, e cada indivíduo a adquire pela força de trabalho dispensada para explorar os recursos da natureza, uma vez que transfere algo que pertence somente a ele: seu trabalho.

Devemos considerar outra contribuição de Locke para o debate da teoria geral do Estado: a defesa da separação entre Igreja e Estado e a liberdade religiosa, que resultou em sérias críticas e perseguições por parte da Igreja Católica.

Locke, assim como Montesquieu, pleiteava que o poder do Estado deveria ser dividido em Executivo, Legislativo e Judiciário. A atribuição do Poder Legislativo, por representar o povo, seria a mais importante, portanto os outros dois poderes deveriam estar subordinados a ele. No entendimento de Montesquieu, deveria haver uma relação de equilíbrio entre os três poderes.

Em suma, as obras produzidas por Locke contribuíram como fundamento para criação de uma teoria do Estado, baseada em um governo civil, que é, consensualmente, institucionalizado para agir em prol da lei e da justiça, pois, individualmente, o homem move-se por seus interesses e nunca seria totalmente justo e imparcial.

2.2.4 Jean-Jacques Rousseau: o popular iluminista

Jean-Jacques Rousseau (1712-1778) foi um filósofo social, escritor e importante teórico político nascido na Suíça. Suas ideias influenciaram a Revolução Francesa, uma vez que foi um dos filósofos mais populares que participaram do Iluminismo, movimento intelectual do século XVIII. Uma de suas mais relevantes obras, *O contrato social*, traz reflexões sobre sua concepção de que a soberania reside no povo.

É importante você entender o contexto em que se forjou toda a sua obra. Partiremos de 1742, ocasião em o filósofo mudou-se para Paris e estabeleceu contato com alguns filósofos, com destaque para Diderot[2]. Nesses contatos, amadureceu as ideias que seriam publicadas em seus livros. Publicou *Discurso sobre as ciências e as artes* (1749), premiado com medalha de ouro pela Academia de Dijon, e *Discurso sobre a origem e os fundamentos da desigualdade entre os homens* (1755), no qual aponta os fundamentos sobre os quais se firma o processo gerador das desigualdades sociais e morais entre os seres humanos.

Alguns livros trouxeram problemas para Rousseau: *Emílio, ou da educação*, obra pedagógica, e *O contrato social* foram a causa de sua prisão por serem considerados escritos subversivos. Foi também perseguido pelos protestantes, mas se refugiou na Inglaterra, a convite do filósofo inglês David Hume.

A seguir, você vai entender por que Rousseau foi considerado um contratualista importante, bem como suas significativas contribuições para nossa reflexão sobre as diferentes concepções sobre o Estado moderno.

---

2 Denis Diderot (1713-1784) foi um filósofo, escritor, tradutor e enciclopedista francês. Tomou parte do Iluminismo – movimento político-filosófico do qual resultou a Revolução Francesa. Diderot viveu na França do século XVIII, época em que o país atravessava transformações com a revolução intelectual denominada *Iluminismo* – movimento político-filosófico que se caracterizou pela defesa dos direitos e da liberdade dos cidadãos (Frazão, 2019b).

Comecemos com a obra *Discurso sobre a origem e os fundamentos da desigualdade entre os homens*, organizada em duas partes: na primeira, "o homem é pensado tanto em seu estado natural como civilizado, e na segunda parte, é defendida a ideia de que as desigualdades têm sua gênese em um determinado modelo de sociedade" (Rousseau, 1989, p. 83).

Em Rousseau (1989), encontramos a afirmação da existência da desigualdade natural, ou física, e a desigualdade moral, ou política. Entretanto, percebemos que seu foco de análise foi a **desigualdade** moral, ou política, que, autorizada pelos homens, é obtida por uma convenção.

E como seria o homem em seu estado de natureza na perspectiva de Rousseau? O **homem natural** é descrito como um ser solitário, detentor de um instinto de autopreservação e do sentimento de compaixão por outros de sua espécie. Logo, para o autor, não existem motivos que levem o homem natural a viver em sociedade, uma vez que vive o presente, é robusto e bem organizado e, ainda, apesar de não ter habilidades específicas, pode aprendê-las.

Desse modo, Rousseau (1989, p. 83) apresenta um homem que, em seu estado de natureza, "é inocente, pois não conhece noções do bem e do mal, tendo, assim, duas características que o distinguem dos outros animais que: a liberdade e a perfectibilidade, ou capacidade de aperfeiçoamento". Em razão dessas características, o homem teria condições de passar de estado natural para o social, já que consegue adaptar-se a mudanças. Rousseau (1989) ressalta que a principal preocupação do homem, em seu estado de natureza, era com sua subsistência, porém, em razão de fatores externos (necessidades), foi impelido a superá-las, adquirindo, portanto, novos conhecimentos. O homem natural aprendeu a pescar, a caçar e, ainda, a associar-se a outros homens para defender-se temporariamente.

Diante dessas necessidades, o homem natural de Rousseau (1989) passa pela primeira ruptura desse "estado": a construção de abrigos. Esse abrigo (casa) faz com que o homem natural mantenha-se mais tempo em um mesmo lugar e na companhia de seus parceiros. Rousseau (1989) afirma que é assim que nascem as famílias e, por motivos de sobrevivência, elas passam a conviver próximas, fato que dá origem às primeiras comunidades. Quando as famílias começaram a conviver em sociedade, segundo ele, e a perceberem-se como indivíduos, começa também a competitividade.

Rousseau (1989) explica que é dessa forma que se inicia "o estado de guerra de todos contra todos", quando a comunidade tem apenas a consciência humana como juiz. Assim, cada sujeito, com sua consciência, começa a agir de acordo com seus próprios interesses. Há, então, o estabelecimento dos fundamentos para a noção de Rousseau sobre propriedade e, com ela, a divisão do trabalho.

> assim a desigualdade natural insensivelmente se desenvolve junto com a desigualdade de combinação, e as diferença entre os homens, desenvolvidas pela diferença das circunstância, se tornam mais sensíveis, mais permanentes e seus efeitos, e, em idêntica proporção, começam a influir na sorte dos particulares [...]. (Rousseau, 1989, p. 70)

Diferentemente de Thomas Hobbes, para Rousseau (1989), esse estado permeado pela desigualdade só se instaura depois que o homem sai do estado de natureza. Para desvencilhar-se desses problemas, a comunidade precisou entrar em um acordo, estabelecendo, então, um contrato. Dessa forma, acontece a chamada *evolução política*, que, para Rousseau (1989), é o momento em que o sangue humano foi sacrificado em favor da pretensa liberdade do Estado. Rousseau (1989) ressalta que é no progresso da desigualdade que o poder legítimo passa a ser substituído pelo poder arbitrário.

Portanto, em diferentes épocas, tivemos ricos e pobres, poderosos e fracos, senhores e escravos, "sendo quase nula a desigualdade no estado de natureza, deve sua força e desenvolvimento a nossas faculdades e aos progressos do espírito humano, tornando-se, afinal, estável e legítima graças ao estabelecimento da propriedade e das leis [...]" (Rousseau, 1989, p. 86).

Nesse contexto, você deve entender que todos os acontecimentos relacionados à mudança do estado natural para o estado social é que deram origem às desigualdades entre os homens, uma vez que o "surgimento da propriedade divide os homens entre ricos e pobres; o surgimento de governos divide entre governantes (poderosos) e governados (fracos) e o surgimento de estados despóticos divide os homens entre senhores e escravos" (Rousseau, 1989, p. 87).

Devemos também tecer algumas considerações sobre seu livro *Do contrato social*, em que o autor explica quais os fundamentos desse pacto. Rousseau (2002, p. 24) ressalta que esse é "um pacto convencional, por meio do qual os cidadãos [...] abrem mão de seus direitos individuais e consentem com o poder de uma autoridade na qual depositam confiança". Esse acordo, afirma o autor, dá origem ao Estado. Desse modo, ele é resultante desse acordo e deve assumir o compromisso de proteger os cidadãos, tornando a liberdade do homem o cerne de contrato social.

Logo, podemos concluir que, para Rousseau (2002), o homem nasceria íntegro e permaneceria assim até sair do estado de natureza. Entretanto, foi sendo corrompido pela sociedade, que vai torná-lo mau e injusto, gerando um desequilíbrio de ordem social. Assim, Rousseau (2002) considera que o homem foi, aos poucos, degenerando-se por causa da cultura, elemento responsável pelos males sociais da modernidade e também pela passagem do "estado natural" para o "estado civil". Destacamos que, na visão de Rousseau (2002), essa degeneração social foi provocada pelo distanciamento que nós, na condição de seres sociais, estamos em relação ao ser natural que um dia fomos.

2.3 John Rawls e Norberto Bobbio: os neocontratualistas

Antes de tratarmos dos pensadores considerados neocontratualistas, devemos mencionar como ocorreu a transição do contratualismo para o neocontratualismo. Ao longo do século XIX, as ideias contratuais clássicas praticamente sumiram em razão de uma nova consciência que preferia a supremacia do Estado e a atuação de elites, grupos e classes sociais na legitimação política, em substituição a figuras como os indivíduos, com seus interesses e suas racionalidades, que são as bases primordiais da teoria contratualista.

De acordo com Coelho (2007), o consagrado individualismo proposto pela teoria contratual clássica foi rejeitado por ser entendido como uma estratégia de subordinar o Estado à sociedade. Entretanto, na segunda metade do século XX, as ideias sobre o contrato ressurgem, embora com significações bem diferentes do então chamado *contratualismo clássico*, demonstrado até então. Ressalta Coelho (2007, p. 25) que "o Neocontratualismo passa a enfatizar questões como a justiça e a igualdade, ou seja, buscando um aperfeiçoamento dos sistemas do *welfare state*". E o novo foco da teoria contratual não abriu mão da questão dos interesses dos indivíduos e sua autonomia perante o Estado (Coelho, 2007).

Considerando as mudanças que o neocontratualismo traz, **John Rawls**[3] (2002) propõe o estabelecimento de um pacto para solucionar os problemas de desigualdade existentes na sociedade, buscando a superação da visão clássica de que o contrato seria usado apenas para superação do estado de natureza. Outro ponto a ser considerado no novo contrato, segundo Rawls (2002, p. 3), é que ele é "hipotético, colocando os contratantes numa relação de extrema igualdade, pela ausência de recursos diferenciais, devido à falta de conhecimento sobre o futuro", o que o autor chama de *véu de ignorância*.

Lira (2010), por sua vez, considera que o neocontratualismo, tanto de Norberto Bobbio quanto de John Rawls, bem como os princípios neoliberais, ressurgem em um contexto de *revolução passiva*, uma vez que busca a articulação e o desenvolvimento de um processo contrarreformista, caracterizado pela prática de transformismo e reorganização de uma hegemonia civil

---

3 John Rawls foi professor de filosofia política na Universidade de Harvard, nasceu em 1921 e morreu no ano de 2002.

liberal-burguesa. Lira (2010) argumenta que a (re)proposituta do (neo)contratualismo no pós-guerra (1945) tinha como objetivo reconstituir o poder da classe liberal-burguesa, dando suporte para a fusão entre capital produtivo e financeiro, tendo como rebatimento da ofensiva da economia política do capital contra à do trabalho.

O autor ressalta que, diante desses fatos, podemos dizer que o *welfare state* (Estado de bem-estar social) caracterizou-se por representar um processo de revolução passiva, a partir do qual as classes dominantes instituíram certo arranjo institucional, concedendo benefícios a uma parcela de pessoas pertencentes às classes menos favorecidas como forma de permanecer dominando e de construir o consentimento popular passivo.

Assim, no neocontratualismo de John Rawls (2002), a defesa vigorosa e ilimitada da justiça é considerada equidade, sendo a principal expressão do procedimento técnico-normativo de toda a institucionalidade. Dessa forma, a noção de justiça vai além da concepção de Estado, de direito e de democracia, presentes em Rawls, como ele mesmo explicita:

> A justiça é a primeira virtude das instituições sociais, como a verdade o é dos sistemas de pensamento. Embora elegante e econômica, uma teoria deve ser rejeitada ou revisada se não é verdadeira; da mesma forma leis e instituições, por mais eficientes e bem organizadas que sejam devem ser retomadas ou abolidas se são injustas. Cada pessoa possui uma inviolabilidade fundada na justiça que nem mesmo o bem-estar da sociedade como um todo pode ignorar. Por essa razão, a justiça nega que a perda da liberdade de alguns se justifique por um bem maior partilhado por outros. Não permite que os sacrifícios impostos a uns poucos tenham menos valor que o total maior das vantagens desfrutadas por muitos. Portanto, em uma sociedade justa as liberdades da cidadania igual são consideradas invioláveis; os direitos assegurados pela justiça não estão sujeitos à negociação política ou ao cálculo de interesses sociais. A única coisa que nos permite aceitar uma teoria errônea é a falta de uma teoria melhor; de forma análoga, uma injustiça é tolerável somente quando é necessária para evitar uma injustiça ainda maior. Sendo virtudes primeiras das atividades humanas, a verdade e a justiça são indissociáveis. (Rawls, 2002, p. 3-4)

Rawls (2002) coloca a **equidade** como fundamento de sua teoria da justiça, para a qual a liberdade individual-singular estaria indiscutivelmente acima do bem-estar social. Alguns autores consideram que essa defesa inconteste da concepção de liberdade tem um caráter liberal e burguês, pois, para Rawls,

> Vamos assumir, para fixar ideias, que uma sociedade é uma associação mais ou menos autossuficiente de pessoas que em suas relações mútuas reconhecem certas regras de conduta como obrigatórias e que, na maioria das vezes, agem de acordo com elas. Suponhamos também que essas regras especifiquem um sistema de cooperação concebido para promover o bem dos que fazem parte dela. Então, embora uma sociedade seja um empreendimento cooperativo visando vantagens mútuas, ela é tipicamente marcada por um conflito bem como por uma identidade de interesses. Há uma identidade de interesses porque a cooperação social possibilita que todos tenham uma vida melhor da que teria qualquer um dos membros se cada um dependesse de seus próprios esforços. Há um conflito de interesses porque as pessoas não são indiferentes no que se refere a como os benefícios maiores produzidos pela cooperação mútua são distribuídos, pois para perseguir seus fins cada um prefere uma participação maior a uma menor. Exige-se um conjunto de princípios para escolher entre várias formas de ordenação social que determinam essa divisão de vantagens e para selar um acordo sobre as partes distributivas adequadas. Esses princípios são os princípios da justiça social: eles fornecem um modo de atribuir direitos e deveres nas instituições básicas da sociedade e definem a distribuição apropriada dos benefícios e encargos da cooperação social. (Rawls, 2002, p. 4-5)

Podemos entender que, em sua obra *A teoria da justiça*, Rawls (2002) tece suas considerações sobre a concepção de indivíduo e sociedade, partindo dos teóricos do liberalismo clássico, segundo as quais as liberdades individuais independeriam do estado civil e político. Desse modo, a justiça está na garantia dos direitos individuais invioláveis. Assim, confirma-se a ideia de *indivíduo* – como individual-singular – e a ideia de *sociedade* – como espaço de expressão e busca dos interesses dos indivíduos.

Compreendemos, ainda, que, para esse autor, a sociedade seria o resultado da ação social e da busca pela realização e efetivação das vontades individual-singulares. E, ainda, que é a partir da defesa dos direitos humanos que se arquiteta e se constitui a teoria da *justiça como justiça rawlsiana* e, somente a partir da inviolabilidade desses *direitos naturais*, seria possível atingir formas de organização político-sociais desejáveis, fundamentadas não no bem-estar social, mas em um procedimento técnico-racional normativo contratualista, com base no qual se advogaria a *justiça como justiça* na condição de princípio fundante, regulador e garantidor de toda e qualquer forma administrativo-organizativa institucional.

Rawls (2002) apresenta a *justiça como justiça* como a expressão máxima de defesa das liberdades individuais liberal-burguesas e, ainda, como o único procedimento metodológico capaz de sustentá-las como manifestação dos direitos naturais. Essa forma de direito seria aquele advindo do contratualismo clássico, a partir do qual emergira a ideia de *posição original*. Para Rawls (2002, p. 13), "Uma vez que todos estão numa situação semelhante e ninguém pode designar princípios para favorecer sua condição particular, os princípios da justiça são o resultado de um consenso ou ajuste equitativo [...]".

Segundo Lira (2010), a escolha de John Rawls pelos princípios de justiça como equidade, realizada por pessoas racionais iguais e livres, expressa a retomada do princípio rousseauniano de autonomia como determinante da vontade geral. Não se trata de gerar uma nova forma determinativa do ser social, mas de, por meio de um procedimento anacrônico, justificá-lo e legitimá-lo.

Devemos atentar também para as considerações de Rawls (1995, p. 22) em seu livro *Liberalismo político*, no qual o autor elabora a seguinte questão, considerando a sociedade como "um sistema equitativo de cooperação entre cidadãos livres e iguais, [...] como devem ser determinados os termos equitativos de cooperação?". Depois de oferecer várias alternativas de resposta, Rawls (1995, p. 23) coloca sua tese central: os termos da cooperação são resultado de um "acordo entre cidadãos livres e iguais". Mas esse acordo deve acontecer em "condições apropriadas" (Rawls, p. 23).

Para Lira (2010), a condição principal que Rawls aponta é a de que as partes devem situar-se equitativamente como livres e iguais;

abstraindo-se as contingências do mundo social, onde as partes precisam estar "simetricamente situadas" (Rawls, 1995, p. 23). Com base nessa perspectiva, elaboram-se os princípios de justiça, ou seja, cria-se uma concepção política de justiça.

Veja que, no neocontratualismo de Rawls, não existe um conjunto de leis da natureza que sirvam de fundamento para as partes na posição original. Os princípios que orientarão a constituição de um estado são "resultado de um procedimento de construção de uma estrutura ou de uma situação de 'equilíbrio reflexivo'" (Rawls, 2001, p. 29).

Entretanto, como vimos no contratualismo moderno (Hobbes, Locke, Rousseau), não há uma distinção entre o justo e o bem, nem uma prioridade do primeiro sobre o segundo. O contrato aborda tanto o justo quanto o bem. Logo, são as leis civis que definem o bem e o mal; são elas as regras que apontam o que é justo e injusto. Para Hobbes (2003, p. 143), o pacto tem como base as leis naturais, no sentido de darem o conteúdo às leis positivas; no caso do "silêncio das leis", são a elas que se deve recorrer. Já em Locke, vemos que a propriedade é um direito natural, mas não inato. Firma-se pelo trabalho. O contrato social não pode, pois, violá-lo. Com relação às leis da natureza, defende a tese segundo a qual todos se tornam seus executores (Locke, 1994).

Passemos, então, a refletir sobre as contribuições do neocontratualista **Norberto Bobbio** (1909-2004) para a teoria contemporânea do Estado. Bobbio foi um filósofo, teórico político, ensaísta e professor italiano que atuou como senador. Lira (2010, p. 176) apresenta o filósofo como "um dos mais protuberantes dos liberais da história intelectual" e um grande defensor da democracia.

Para Bobbio, o principal motivo para o implantação de novo contrato seria o estabelecimento da democracia, uma vez que seria somente por meio dela que o exercício da vontade geral e das liberdades individuais poderia acontecer. Em Bobbio (2004), o eixo central para o neocontratualismo seria a vontade ou regra da maioria. Para tanto, de acordo com Lira (2010), o neocontratualismo de Bobbio é ordenado por dois fundamentos:

1. A aprovação concedida pelo maior número de indivíduos advindos do voto individual e singular é a única ferramenta para garantir o sistema democrático.
2. O estabelecimento de mecanismos técnicos permite computar a manifestação das vontades individuais, de modo que se possa calcular e verificar, atribuindo-se certeza de a vontade geral ser efetivada. A isso Bobbio chama de *calculabilidade racional*.

Portanto, para Bobbio, a efetivação da vontade da maioria é que pode criar uma relação institucional mediada pelo contrato, na qual o pacto/contrato é o elemento garantidor da natureza democrática. Marcelino (2016) ressalta que se configura, em Bobbio, uma superposição entre o princípio da maioria e uma forma de acordo entre as classes, em que se busca respeitar o contrato estabelecido por meio da observância das leis, de forma a fundamentar e dar suporte à constituição de uma vontade geral ordenada juridicamente por um ente coletivo superior.

A autora observa que podemos considerar que, para Bobbio, o contrato social decorre da própria democracia, uma vez que a sociedade, por meio do voto da maioria dos indivíduos, faz uma escolha e a submete a todos os demais, obrigando-os a respeitar a escolha da maioria. Logo, "a concepção de democracia moderna repousa nos fundamentos de uma concepção individualista da sociedade, pelo fato de encarar a sociedade política como um produto artificial da vontade dos indivíduos" (Marcelino, 2016, p. 15).

Síntese

Neste capítulo, destacamos que o contratualismo foi uma das correntes teóricas que influenciaram significativamente o pensamento moderno, trazendo ao debate temas como a natureza humana, o indivíduo, a sociedade, as leis, o direito e o Estado, os quais contribuíram para a formação dos parâmetros das concepções da teoria geral do Estado. O contratualismo recebeu diversas críticas em razão de seu caráter filosófico, pois, como coloca Bobbio (1999), o contratualismo não passou de uma ficção, ou seja, de um modelo fundamentado em argumentos que não foram comprovados, como o estado de natureza.

Também evidenciamos que os pensadores contratualistas têm posições diferentes com relação ao trinômio estado de natureza, contrato social e estado civil. Como exemplo, vimos que, para Hobbes, o homem é o lobo do homem; para Locke, o objetivo era proteção da propriedade; para Rousseau, a questão residia na liberdade entre os indivíduos. Assim, não devemos simplificar o neocontratualismo classificando-o como extensão da teoria contratual, mas compreendê-lo como uma releitura de alguns fundamentos dessa teoria, interpretados à luz da contemporaneidade, que busca, pela ideia de pacto social, a justiça como equidade.

Para saber mais

KRISCHKE, P. J. **O contrato social ontem e hoje**. São Paulo: Cortez, 1993.

Sugerimos a leitura do livro de Paulo José Krischke, em que, tomando por base a teoria do discurso de Mikhail Bakhtin, define a variedade de significados para as palavras Estado, liberdade e igualdade como polissemia, apresentando, em consequência, por meio de uma seleção de autores clássicos e contemporâneos, as principais tendências que participam das discussões referentes ao pacto ou contrato social, envolvendo noções como Estado, liberdade e igualdade.

Questões para revisão

1. Existem duas correntes teóricas sobre as causas determinantes do aparecimento do Estado. Quais são essas correntes?
   a) Naturalista e contratualista.
   b) Naturalista e fenomenológica.
   c) Naturalista e funcionalista.
   d) Funcionalista e marxista.
   e) Naturalista e marxista.

2. É possível compreender o Estado como sociedade política, que tem finalidades diversas e generalistas. Com base no que coloca Dallari (1998), qual a finalidade do Estado?
   a) Proporcionar bem-estar.
   b) Criar o estado de natureza.
   c) Viabilizar o bem comum.
   d) Criar a emancipação humana.
   e) Propiciar a revolução.

3. De acordo com Matteucci (1998), em sentido amplo, o contratualismo abarca todas as teorias políticas que pressupõem que, para a origem da sociedade e o fundamento do poder político, é necessária a formalização de um acordo. Como se denomina esse acordo formalizado?
   a) Uma aliança.
   b) Um pacto de sangue.
   c) Um contrato.
   d) Um aperto de mão entre homens de bem.
   e) Um experimento.

4. Para Bobbio, o principal motivo para o estabelecimento de um novo contrato seria o estabelecimento da democracia, uma vez que seria somente por meio dela que o exercício da vontade geral e das liberdades individuais poderia acontecer. Em Bobbio (2004), o eixo central para o neocontratualismo seria a vontade ou regra da maioria. De acordo com Lira (2010, p. 188), o neocontratualismo de Bobbio é ordenado por dois fundamentos. Quais seriam esses dois fundamentos?

5. Ao caracterizar o estado de natureza como um ambiente de perfeita liberdade e igualdade entre os indivíduos, Locke (1998) atribui ao homem o poder executivo da lei da natureza, e essa responsabilidade pode ser muito perigosa, uma vez que o ser humano por ser movido por suas paixões e por juízo de valores característicos de sua subjetividade. Para Locke, seria o homem capaz de julgar corretamente algum transgressor sem cometer injustiças? Como ser juiz de sua própria causa sem ser parcial?

Questão para reflexão

1. Leia o trecho a seguir:

> Em meio ao recrudescimento dos conflitos nos arredores de Damasco, capital da Síria, autoridades externas anunciaram uma "pausa humanitária" diária para permitir a fuga de civis do enclave rebelde de Ghouta Oriental, alvo de duros ataques na última semana. A oposição síria acusa forças leais ao governo de usarem gás cloro (de poder tóxico) e bombardeios aéreos contra a população de Ghouta, apesar de um cessar-fogo negociado na ONU no sábado passado. [...] Segundo estimativas do Centro Sírio de Pesquisas Políticas (SCPR, na sigla em inglês), 470 mil pessoas já morreram desde o início da guerra civil síria, em 2011. Segundo a ONU, impressionantes 76% das residências de Ghouta Oriental foram devastadas, e boa parte dos 400 mil moradores do enclave se mudou para abrigos subterrâneos. Em um vídeo obtido pela BBC na semana passada, duas crianças mostravam os destroços de sua casa. Uma médica da região afirmou que "Ghouta está sendo destruída".

Fonte: BBC News Brasil, 2018.

Imaginemos que Thomas Hobbes estivesse vivo e pudesse ler essa notícia. O que será que ele escreveria sobre essa realidade?

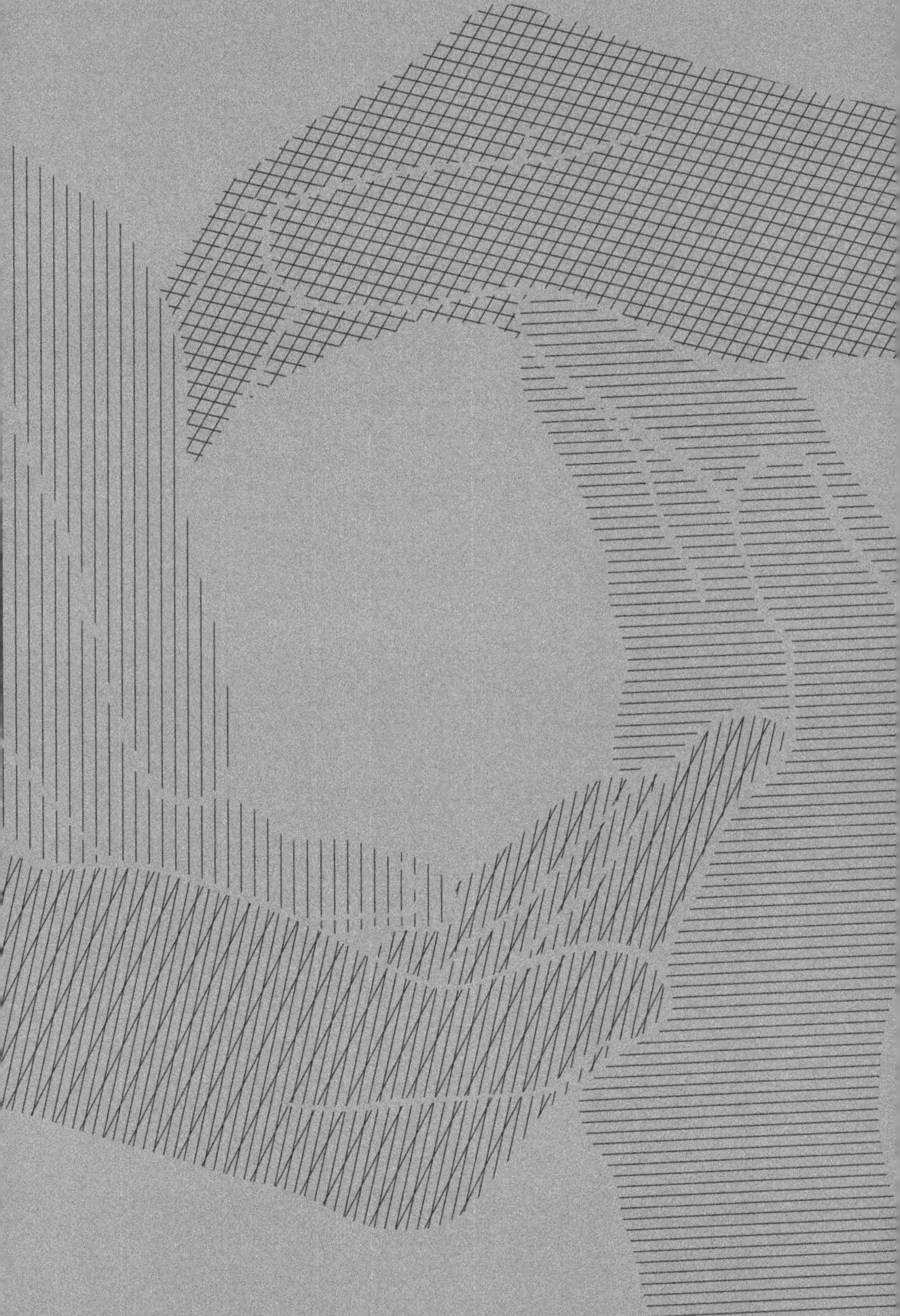

Mariana Patrício Richter Santos

Capítulo 3

Estado, cidadania e direitos humanos

Conteúdos do capítulo:
- Conceito de cidadania e sua evolução história.
- Conceito de direitos humanos e sua inter-relação com cidadania.
- Organização histórica de direitos humanos.

Após o estudo deste capítulo, você será capaz de:
1. compreender temáticas relacionadas à cidadania e aos direitos humanos;
2. identificar elementos acerca da evolução histórica da cidadania e dos direitos humanos;
3. relacionar os conceitos e as semelhanças entre cidadania e direitos humanos;
4. reconhecer a importância da cidadania e dos direitos humanos na realidade contemporânea.

Para abordar os temas Estado, cidadania e direitos humanos, uma série de variáveis e subtemas podem permear seu imaginário, despertando sua curiosidade. *Cidadania e direitos humanos* são termos que, ao que parece, são de "domínio público", pois sempre há o que falar sobre eles; sempre há opiniões, das mais diversas, relacionadas a esses assuntos. Porém, justamente por sua aparente simplicidade, são assuntos que precisam ser aprofundados, debatidos e, principalmente, situados historicamente, dada sua relevância e fundamentação sócio-histórica.

Desse modo, é salutar compreender que a cidadania e os direitos humanos reverberam, por si só, necessidades, lutas e demandas históricas, situadas a um espaço-tempo que, mesmo que delimitado em períodos específicos, influenciou e influencia diretamente suas concepções contemporâneas.

A formação e a constituição da sociedade humana é permeada, obrigatoriamente, pela necessária compreensão a respeito desses dois conceitos: cidadania e direitos humanos. Em que pese algumas divergências teóricas sobre eles, o que é fato inegável diz respeito à sua contribuição no processo de constituição da sociedade, em suas mais variadas formas e organizações. Vamos analisar um pouco sobre esse processo histórico?

3.1 Conceito de cidadania e sua evolução histórica

Para falarmos de cidadania, alguns questionamentos são fundamentais: O que é *ser cidadão*? O que significa ser cidadão? Será que a representação do "ser cidadão" sempre foi a mesma, em todos os momentos históricos? Certamente, não. Uma leitura elementar que se faz necessária no que tange aos processos históricos que delimitam a construção da vida em sociedade diz respeito ao ciclo evolutivo e progressivo da história – o que não significa dizer, em nenhum momento, que a evolução da história guarda relação com evoluções apenas em seus aspectos positivos.

O conceito de cidadania acompanha a história das sociedades e da humanidade. Ao fazer um resgate histórico da evolução progressiva da sociedade, acompanha-se, paralelamente, a compreensão acerca do processo de construção dialética da cidadania. É importante ressaltar que as alterações sofridas ao longo do tempo do que hoje é conhecido como o conceito de cidadania relaciona-se diretamente com aspectos que se queiram sociais, políticos, econômicos e religiosos.

Os diversos períodos históricos e suas compreensões específicas acerca do cidadão (quem era considerado cidadão efetivamente), do poder e do Estado apenas desvelam em que tipo de sociedade situava-se a referida cidadania. Assim, convidamos você para um percurso histórico no tempo, a fim de que possamos acompanhar o nascimento, a construção e a evolução desse conceito, cuja complexidade repousa nas diferentes mudanças sofridas durante o tempo, de acordo com o modelo de sociedade instituído e as lutas históricas engendradas.

Inicialmente, é importante respondermos à reflexão instigada anteriormente: O que significa ser cidadão? *Cidadão* é o habitante de uma cidade; o indivíduo no gozo dos direitos civis e políticos de um Estado.

Ao tratarmos da evolução histórica do conceito de cidadania, é essencial pontuar alguns breves conceitos conhecidos como a tão propalada "cidadania". Como já alertamos no início do nosso estudo, cidadania é um elemento complexo, que se configura de acordo com o período histórico e com a vivência das sociedades nas quais foi instituída.

Cidadania é, pois, a *qualidade de cidadão*. Neste primeiro momento, atenta-se a uma qualidade do ser humano, que é entendido, considerado e compreendido como *cidadão* no processo civilizatório e humano. Porém, para além de uma análise meramente simplista, há concepções filosóficas que abrangem e explicitam o referido tema.

Para o pensador Aristóteles, em seu livro *A política*, a definição de cidadão está diretamente relacionada àquele cuja especial característica é poder participar da administração, da justiça e de cargos públicos.

Outro conceito para cidadão é apresentado por Pinsky e Pinsky (2008, p. 9):

> Ser cidadão é ter direito à vida, à liberdade, à propriedade, à igualdade perante a lei; é em resumo ter direitos civis. É também participar no destino da sociedade, votar, ser votado, ter direitos políticos. Os direitos civis e políticos não asseguram a democracia sem os direitos sociais [...] direito à educação, ao trabalho, ao salário justo, à saúde, a uma velhice tranquila.

Você pode perceber que os autores apresentam uma concepção de cidadania próxima de uma leitura mais ampla e complexa do conceito, tendo em vista o período histórico em que foi elaborada, bem como o resgate dos diferentes direitos que compõem o conceito, como um reflexo de lutas engendradas na sociedade.

É perceptível que, diante do conceito apresentado por esses autores, quando falamos em *cidadania*, não nos referimos a um conceito estagnado, ou imutável, no tempo: trata-se de um conceito em peculiar evolução, tendo em vista as diversas formas de organização do Estado e da sociedade. Mas a definição ora apresentada indica um conceito já evoluído e complexo, adentrando no ramo de conquista dos diferentes direitos, nas mais diversas concepções históricas, uma vez que direitos civis, políticos e sociais não foram sempre presentes no tempo; sua existência materializa os processos de luta ocorridos no tempo histórico.

Você deve estar pensando: Se o conceito de cidadania não é imutável e sofreu alterações em seu percurso histórico, de que modo foi moldado? Quais as bases estruturantes que o definiram e o caracterizaram na história humana?

Cidadania, inicialmente, foi conceito criado na vida em sociedade, ou seja, sem a vida em sociedade, não há de se falar em cidadania, já que os elementos de sua constituição seriam inexistentes. A cidadania pode ser pensada sob, no mínimo, duas perspectivas: a da **titularidade** e a da **participação política**. Logicamente, tais perspectivas, em nenhum momento, querem-se excludentes, ao contrário, tornam-se complementares, inclusive, no que tange ao estudo e à compreensão dos elementos que a constituíram historicamente. De toda sorte, vale ressaltar que a constituição e a construção do conceito de cidadania e de seu exercício fazem parte de um processo da vida em sociedade/coletividade, e não de um processo meramente natural.

Na perspectiva histórica, a origem da cidadania remonta às conhecidas sociedades greco-romanas e às intituladas *pólis*, como espaço de execução e exercício do que começou a ser compreendido mas cidadania. O regime político e a forma de organização das referidas sociedades indicam o caminho inicial da cidadania, em que pese suas particularidades e peculiaridades destinadas àquele processo.

Na sociedade greco-romana, é importante lembrar que a cidadania estava longe de sua perspectiva universal. Ao contrário, era elemento restrito não só às pessoas que a ela poderiam ter acesso, mas também aos direitos exercidos nesse período, que eram direitos políticos. Era o direito de participar da vida na cidade, em sociedade, fazendo parte das decisões políticas.

Entretanto, façamos a seguinte reflexão: A cidadania, nesse período, era possível e permitida a todos os cidadãos? Se você atentar, perceberá que a resposta é não. Como você deve se lembrar, a história é cíclica, os acontecimentos se perfazem no tempo.

Desse modo, com um olhar sobre a realidade contemporânea, que se afirma democrática, esse processo ainda necessita de um sem-número de ajustes. E, na sociedade greco-romana, não era diferente. O *status* de cidadão era restrito a um seleto grupo de pessoas, estas sim consideradas cidadãs. Na Grécia, a cidadania era sinônimo de riqueza material e de propriedade de terras. Àqueles que não dispunham de bens ou riquezas, o benefício da cidadania não poderia ser garantido ou efetivado.

Em Roma, o acesso e o *status* de cidadão não trilharam caminhos tão distintos em relação ao caminho grego, porém, no primeiro momento, apenas os cidadãos conhecidos como *patrícios* eram considerados cidadãos de "pleno direito". Cabe ressaltar, brevemente, que, assim como na sociedade grega, na sociedade romana, a elite detentora de bens e de terras era a que se configurava como participante do processo cidadão. Os patrícios, proprietários de terras na sociedade romana, eram os que detinham o direito à cidadania, diferentemente dos plebeus (pessoas pobres) dessa mesma sociedade. Porém, na sociedade romana, institui-se o Tribunal da Plebe (proveniente de um conflito entre patrícios e plebeus), que detinha poder de veto em relação às decisões dos patrícios (Luiz, 2007).

É salutar relembrar o ensinamento de Melo (2013) acerca da cidadania nesse período, quando afirma que, na sociedade greco-romana, a cidadania era direito de poucos, apresentando discrepância entre o discurso teórico e a aplicação prática. A referida cidadania, nas palavras de Chaui (2000), tratava de conteúdo e vivência exclusivas de homens adultos livres nascidos nas cidades. A autora menciona que "a diferença de classe social nunca era apagada, mesmo que os pobres tivessem direitos políticos. Assim, para muitos cargos, o pré-requisito da riqueza vigorava e havia mesmo atividades portadoras de prestígio que somente os ricos podiam realizar" (Chaui, 2000, p. 486).

Desse modo, a origem da cidadania encontra, na sociedade greco-romana, seu primeiro fundamento e sua essência. Não há como pensar ou refletir sobre cidadania sem compreendê-la dentro de um processo histórico e sociopolítico; esta é a essência da realidade e do cotidiano social: compreender e vislumbrar as manifestações contemporâneas com um olhar proveniente do passado, que o resgata e fortalece.

Cabe ressaltar que a cidadania, naquele momento, estava ligada estritamente ao poder de deliberação e ao exercício da palavra. (Luiz, 2007), situação que foi, significativamente, alterada com o advento da Idade Média.

Na Idade Média, nota-se uma sensível retração do que vinha sendo compreendido e vivenciado como cidadania nas sociedades greco-romanas. Tal retração justificava-se ao considerarmos o modo de organização social adotado naquele espaço-tempo: sociedade organizada em feudos, com separação por classes sociais e vivenciando o modo de produção feudal. Com suas características de hierarquia, divisão de poder e classes, separação clara de papéis sociais bastante distintos à época e uma forte base teológica, a cidadania sofreu seu refluxo e sua refração, uma vez que, em uma sociedade com forte viés teológico, na qual as autoridades eram consideradas representantes dos interesses inquestionáveis de Deus, os papéis sociais constituíam-se de forma bastante delimitada. Diante dessa realidade histórica, a cidadania, no período da Idade Média, era conceito (e experiência) sem vida e/ou significância.

Apenas com a decadência do sistema feudal, do questionamento da ordem instituída, das verdades da fé e dos ditames dos "senhores", com a intensificação das atividades comerciais das cidades no período medieval, é que a cidadania passou a ser (re)construída sob outras bases. Um exemplo desse período é a existência das ligas, ou corporações, que se colocam quando os mercadores se organizam contra as limitações impostas pelo senhor feudal, expressando, de forma organizada e coletiva, as insatisfações e as reivindicações do período (Luiz, 2007).

Ao continuar esse processo de acompanhamento da evolução da cidadania, chegamos ao tempo histórico do Renascimento. Em contraponto aos padrões medievais, de característica fortemente teológica em todas as elaborações típicas da Idade Média, no Renascimento, o ponto fundamental torna-se o antropocentrismo (cultura que valoriza o homem como centro de tudo, e não mais Deus ou as questões religiosas). Nesse ínterim, a cidadania foi retomada em suas bases greco-romanas, embora com a alteração de algumas perspectivas, tendo em vista as conhecidas revoluções burguesas, como a Revolução Inglesa e a Revolução Francesa e, ainda, a Revolução Americana.

Uma perspectiva, entretanto, ainda muito presente no que tange à cidadania no período renascentista, muito similar à cidadania na Era Antiga diz respeito tanto ao conceito de cidadania quanto a quem poderia ser considerado cidadão. Como alerta Luiz (2007, p. 95), "Nesta perspectiva, o cidadão do período renascentista era aquele que possuía o direito de decidir sobre as questões da cidade-Estado. Tal direito não se estendia a todo citadino, isto é, cidadania era um privilégio dos membros da elite dominante". Cabe relembrar que, no período renascentista, a cidadania passou a cumprir e a delimitar um papel dentro da perspectiva liberal, tendo em vista que valorizava, significativamente, a perspectiva individualista e antropocêntrica (Luiz, 2007).

Ainda nesse mesmo período, para além das alterações no que tange à concepção de cidadania e seu alcance, um elemento histórico bastante importante trata da transição do Estado absoluto. Você deve se lembrar que, quando mencionamos algo "absoluto", estamos fazendo referência a algo completo e, portanto, inquestionável. Nesse período histórico, era presente o estado monárquico, no qual o poder advém dos reis, invariavelmente, ou seja, esse poder é inquestionável e, por consequência, a parcela da população que não compunha o setor monárquico ficava à mercê do poder do rei, das decisões despóticas desse governante, em especial, da própria classe burguesa.

É nesse processo que questionamentos ao regime imposto e à forma de tomada de decisões foram feitos pela classe burguesa, que também intencionava fazer parte da tomada de poder, de contar com a legitimação de poder diante de decisões políticas, podendo, assim, contar com a liberdade na tomada de decisões e na valorização de seu ramo de trabalho. E, nesse processo de insatisfação e de reivindicação no espaço decisório de poder, instauraram-se o que ficou conhecido como *revoluções burguesas*. Em que pese o fato de que tais revoluções tenham acontecido em territórios diferenciados e em realidades político-territoriais distintas, o fundamento-base reivindicatório era similar: a inserção da classe burguesa nos espaços políticos decisórios de poder, desqualificando, assim, o poder despótico do rei.

Enquanto, na Revolução Inglesa, a burguesia tomava o poder estatal, propiciando o desenvolvimento capitalista e estipulando, dessa forma, as bases nas quais se assenta o Estado liberal, na Revolução Americana, seu resultado culminou na declaração de independência dos Estados Unidos. Os colonos insurgiram-se com a tributação de impostos praticada pela metrópole, além da característica repressão aplicada aos colonos. Dessa revolução, importantes documentos na construção do processo de cidadania e direitos foram elaborados, como a Declaração Americana e a Constituição de 1787, garantindo o direito à liberdade e protegendo o cidadão da tirania do próprio Estado (Marcelino, 2016). Por fim (mas não menos importante), lembramos a conhecida Revolução Francesa, na qual houve um levante da população contra os abusos praticados por parte do rei. Nesse contexto, surgiu a primeira carta universal de direitos destinada aos homens.

Para Luiz (2007), a moderna concepção de cidadania guarda relação direta com as Revoluções Inglesa e Francesa, contemplando os ideais de igualdade e liberdade, que são reivindicações próprias da classe burguesa. Cabe, ainda, uma reflexão a respeito dessas revoluções: apesar de serem burguesas e de irem ao encontro dos interesses da burguesia da época, as Revoluções Francesa e Americana, para Melo (2013), inseriram, na percepção mundial, os ideais de liberdade e igualdade que, a despeito da intenção inicial restrita à classe burguesa, contribuíram significativamente para o processo de inclusão social.

Antes de continuarmos este percurso histórico traçado pelo conceito de cidadania, sua definição e limitações, a depender do contexto e seus alcances posteriores, é importante retomar que a origem da cidadania está fortemente atrelada à constituição das sociedades greco-romana e apresenta relação com os direitos atualmente conhecidos como *direitos políticos*. No entanto, de modo generalizado, tal cidadania não era universal, mas restrita, exclusivamente, aos proprietários de terra, os quais poderiam votar e contribuir nas decisões de caráter econômico-político da sociedade da época. No período medieval (Idade Média), a cidadania, praticamente, foi "esquecida", tendo em vista o poderio monárquico estabelecido e o ideal teológico que conduzia a sociedade à época. E foi, justamente contra esse ideal teológico instituído na sociedade, que se insurgiu a classe burguesa: contra esse regime de poder e todas as formas cerceadoras das liberdades.

Nesse ponto fundamental da construção da cidadania, é importante questionar: Você consegue identificar qual a semelhança na construção da cidadania nesses diferentes momentos da história da humanidade? Apesar de ser presente em momentos diversos (com a existência no Antigo Regime, dos clãs, das *pólis*, ou com a existência dos monarcas e do Estado Absoluto), ao menos duas semelhanças são nitidamente perceptíveis: primeiro, a cidadania é construída e delimitada apenas para alguns membros da sociedade, que eram proprietários de terra ou detinham algum tipo de poder e, segundo, mas tão importante quanto, foi exatamente esse modelo restritivo que gerou descontentamento, provocando ações insurgentes contra o sistema estabelecido. Esse descontentamento gerou lutas e demandas reivindicatórias, que reverberaram nas definições de cidadania conhecidas contemporaneamente.

Reflita: esse resgate histórico da cidadania é fundamental, pois possibilita sua compreensão no decorrer do tempo, esclarecendo as medidas de suas lutas e interesses mediados por suas conquistas. A cidadania não foi meramente alcançada; a cidadania foi construída historicamente, mediada por conflitos e interesses sociais diversos que permeiam o processo de desigualdade social presente (desde a Era Antiga) nos tempos da história da humanidade!

No que tange à cidadania e à consolidação de direitos, estes são assim compreendidos: na Europa do século XVIII, deu-se prioridade aos direitos civis (naturais); em fins do século XIX, a cidadania passou a abranger os chamados *direitos políticos* – observe que, aqui, falamos de sufrágio universal e de organização sindical ou partidária; o que difere dos direitos políticos da sociedade greco-romana, tendo em vista tratar-se de outro modelo de sociedade. De acordo com Luiz (2007), na Europa do século XX, ampliou-se o rol cidadão aos direitos sociais, estes ligados às lutas da classe operária e à instalação do Estado de bem-estar social – assunto que será tratado no Capítulo 4 desta obra.

Aqui, cabe refletir sobre a construção e a consolidação desses direitos como elementos presentes na concepção do conceito de cidadania. Aborda-se, normalmente, o discurso "geracional" de direitos, ou seja, como (sub)divididos em gerações, sejam os direitos civis, sejam os direitos políticos, sejam os direitos sociais. Tal divisão "justifica-se" porque a consolidação desses direitos ocorreu em momentos históricos distintos, alcançando natureza de direitos bastante específica. Porém, há de se fazer uma crítica ao termo *geração de direitos*, ou, melhor dizendo, a crítica deve abranger as visões fragmentadas das conquistas desses direitos.

Então, você que ora se debruça nesta leitura deve estar perguntando: Por que "crítica" a esses direitos? A conquista e a garantia desses direitos não ampliaram o conceito de cidadania, possibilitando que a sociedade, de modo geral, tivesse mais acesso a direitos e garantias? Afirmativo, você está certo! Porém, observará que, a todo momento, você será instigado a questionar a ordem do acontecimento dos fatos relacionados ao cotidiano e à realidade social, bem como o risco que se corre ao analisar determinadas situações e fatos sociais sem o devido cuidado e a devida crítica sob uma perspectiva analítica.

Assim, a crítica que se faz à "geração de direito" não se trata de uma crítica à sua conquista (pois seria infundada), mas sim ao aspecto de fragmentação de interpretação quando eles são meramente separados por gerações. Com o intuito de reforçar esse debate, Trindade (citado por Guerra, 2012, p. 49), faz o seguinte alerta:

> A noção simplista das chamadas "gerações de direitos", histórica e juridicamente infundada, tem prestado um desserviço ao pensamento mais lúcido a inspirar a evolução do Direito Internacional dos Direitos Humanos. Distintamente do que a infeliz invocação da imagem analógica da "sucessão geracional" pareceria supor os direitos humanos não se "sucedem" ou "substituem" uns aos outros, mas antes se expandem, se acumulam e fortalecem, interagindo os direitos individuais e sociais. [...] Contra as tentações dos poderosos de fragmentar os direitos humanos em categorias, ou projetá-los em "gerações", postergando sob pretextos diversos a realização de alguns destes [...] para um amanhã indefinido, se insurge o Direito Internacional dos Direitos Humanos, afirmando a unidade fundamental de concepção e a indivisibilidade de todos os direitos humanos.

A cidadania, como conceito vinculado aos direitos que a compõem, já foi denominada *cidadania social*, conforme afirma Roberts (1989), que reforça a interdependência entre o que ele denomina de *cidadania civil*, *política* e *social*.

O debate sobre cidadania, em sua concepção moderna e contemporânea, faz aproximação com as lutas travadas por parte da classe trabalhadora, dos próprios movimentos sociais (e dos intitulados novos movimentos sociais), sob uma perspectiva de garantia de efetivação de direitos cada vez mais ampliados à população. O que, no início da história da humanidade, era concepção bastante restrita de acesso a decisões políticas, hoje se reconfigurou em cidadania como sinônimo de direitos, em suas mais variadas especificidades e particularidades, alvo de lutas e demandas contínuas.

3.2 Relação entre cidadania e direitos humanos

A relação de proximidade e de similaridade entre os conceitos de cidadania e de direitos humanos é intrínseca. Ao mesmo tempo em que se menciona o homem – qualidade de cidadão para aquele que vive na cidade e que pode participar da vida em sociedade, das decisões políticas e dos espaços decisórios –, há relação direta com a clareza e a definição dos direitos humanos. Em que pese o fato de a cidadania indicar a possibilidade de participação política do cidadão na vida em sociedade, aproximando muito o debate do processo democrático, não há como se furtar do debate acerca do processo e da configuração de direitos nesse processo, em especial, dos direitos humanos.

A cidadania, a partir do momento em que possibilita a participação dos cidadãos na vida política faz isso permeada pelos direitos anteriormente conquistados. Vamos pensar sobre isso! Ser cidadão (fazer parte de uma cidade) é gozar de direitos de liberdade, direito civil; de voto, expressão do direito político; e de acesso à saúde, por exemplo, direito social com abrangência universal no Brasil e caracterizado como um direito social na realidade contemporânea.

Diante desse quadro e da relação estabelecida entre cidadania e direitos humanos, percebemos que são elementos intimamente interligados, que fazem parte da história de construção e consolidação da sociedade.

Depois dessa primeira aproximação, apresentaremos a você a delimitação e a conceituação dos tão conhecidos e comentados *direitos humanos*. Todavia, nossa aproximação se quer teórica, com profundidade de debate, rejeitando qualquer viés simplista, reducionista ou fundamentado em senso comum. Vamos aos estudos!

3.3 Organização e construção histórica dos direitos humanos

Como já mencionado anteriormente, ao utilizarmos a expressão *direitos humanos*, parece que se trata de uma expressão comum, de fácil identificação e conceituação. Neste momento, pare um pouco e reflita: Em rodas de conversa entre amigos e familiares, em programas de rádio e de televisão, em notícias veiculadas em jornais ou em redes sociais, a temática de direitos humanos é bastante atual, contemporânea e presente, certo? Muito provavelmente, sua resposta será positiva. Inclusive, além de se tratar de um tema significativamente contemporâneo, podemos afirmar que se trata também de um tema polêmico, que gera controvérsias.

Ao falar sobre direitos humanos, o senso comum presente na sociedade contemporânea, por vezes, vincula-os a direitos relativos a apenas uma camada da sociedade – geralmente, uma camada conhecida por processos de exclusão social e vulnerabilidade –, mas em perspectiva e concepção negativas. A compreensão divulgada em grande medida é a de que direitos humanos correspondem a direitos direcionados a apenas uma parcela da população, privilegiando-a ou, até, reforçando práticas assistencialistas estatais. Mas será que, efetivamente, quando falamos de direitos humanos, referimo-nos a direitos direcionados, que privilegiam determinada camada da sociedade? Trata-se de ações com caráter voluntarista e messiânico por parte do Estado quando os direitos à população são garantidos? Vamos ver.

3.3.1 Conceituando direitos humanos

Para compreender todo esse processo e adentrar na discussão com fundamentação teórica, que possibilite um argumentação adequada, é fundamental que se evidenciem dois elementos fundantes à compreensão acerca dos direitos humanos. É importante ressaltar que esses elementos não podem – nem devem – ser vistos de forma dissociada, ou sequer fragmentada, nesse processo.

O primeiro elemento diz respeito à **compreensão histórica** sobre o processo de construção e afirmação dos direitos humanos. Ao refletir a respeito da a construção desses direitos, é necessário localizar a configuração histórico- conjuntural que permeou esse decurso.

O segundo elemento indica de que "**lugar**" se fala ao abordar a temática, tão cara, dos direitos humanos, pois, ao compreender sua consolidação sob a ótica *liberal*, a visão, as defesas, o modo de sociedade e os direitos vinculados serão coerentes com a lógica de sociedade intitulada liberal. Em contraponto, compreender os direitos humanos no que é denominado *concepção socialista dos direitos humanos*, desvela um olhar bastante diferenciado, mais crítico e com outros valores que importam aos direitos humanos.

Independentemente de os "direitos humanos" serem os mesmos no que tange às conquistas e às suas formas de positivação (por meio de legislação), a leitura e o processo de elaboração e interpretação desses direitos é diferenciada, a depender de qual lente se usa como referência analítica do processo social construído.

Vamos pensar, então, sobre o que significam direitos humanos? A que dizem respeito e como passam a existir na história da humanidade? Lembre-se de que mencionamos que uma das características bastante específicas dos direitos humanos diz respeito à sua historicidade?

Então, nessa compreensão, a jurista Piovesan (2006), em seus continuados estudos sobre o tema dos direitos humanos, alerta: "Enquanto reivindicações morais, os direitos humanos nascem quando devem e podem nascer. [...] Compõe um construído axiológico, fruto da nossa história, de nosso passado, de nosso presente, a partir de um espaço simbólico de luta e ação social" (Piovesan, 2006, p. 6). Portanto, os direitos humanos têm uma intencionalidade ao nascer porque, de algum modo e em algum momento histórico, eles apresentam a necessidade de seu nascimento e de configuração como direito, normalmente, vinculados a processos históricos carregados de desigualdade e seus reflexos na vida social, como a injustiça, a fome e a miséria, por exemplo.

É salutar compreender que a origem do debate e da construção dos direitos humanos, de modo genérico e conhecido, remonta ao século XVIII, em especial às denominadas *revoluções burguesas*, dando especial enfoque à Revolução Francesa. Certamente que esse período histórico ocupou e indicou um tempo de efetiva referência ao que tange à discussão e à origem da construção dos direitos humanos, mas não exclusivamente. Você deve compreender que, antes desse processo histórico, em períodos muito mais remotos na história, a noção de direitos humanos (conhecidos, inicialmente, como *direitos do homem*) também se fizeram presentes, em outros modelos de sociedade e de vivência em coletividade.

Alguns autores e estudiosos do tema, como Ruiz (2014) e Guerra (2012), demonstram, por meio de fatos e acontecimentos históricos, elementos que consolidam o debate a respeito de direitos do homem (e sua origem), muito antes das conhecidas revoluções burguesas. Comparato (citado por Ruiz, 2014, p. 38) esclarece:

> O debate em torno dos direitos do ser humano não se inicia com as revoluções burguesas. [...] Mesmo sem se conhecerem ou se comunicarem, figuras como Zaratustra (na Pérsia), Buda (na Índia), Lao-Tsé e Confúcio (na China), Pitágoras (na Grécia) e Dèutero-Isaías (em Istael) criariam visões de mundo que levariam ao abandono de explicações mitológicas para a história, com o início de longo desdobramento de ideias e princípios sobre o homem.

É comum perceber que, para esses autores, a base de questionamento das teorias filosófico-teológicas que buscavam explicar a vida e as bases de toda diferença e desigualdade social em processos metafísicos e não racionais fizeram-se presentes em situações históricas específicas. Um dos elementos frequentes nas explicações sobre os direitos humanos encontra respaldo nos questionamentos dos poderes destinados (e exercidos) pelos reis, pela nobreza e pelo clero. A concentração de poder nas mãos dessas classes, consideradas "abastadas", fazia com que esses valores fossem questionados e estimulava os movimentos, por vezes revolucionários, de luta por direitos. Documentos como a Declaração das Cortes de Leão, de 1188, na Península Ibérica, e a Magna Carta de 1215, na Inglaterra, corresponderiam a marcos significativos de intitulada rebeldia e busca pelo valor da igualdade (Ruiz, 2014).

Vamos refletir: Você consegue identificar um elemento fundamental na origem, no aparecimento dos direitos humanos na história da sociedade? Um elemento que potencialize as lutas que começam a surgir na busca pela garantia de alguns direitos e que alterem o modo de vivência em sociedade? A resposta é *desigualdade*.

Esse processo diferencia as pessoas do modo mais cruel e desumano possível, podendo retroceder à história da escravidão, do período em que pessoas eram comercializadas como mercadorias, mortas por serem consideradas hereges ou por discordarem do que estava socialmente (im)posto. Nesse sentido, um autor que também recupera a história dos direitos humanos preconizada antes das revoluções burguesas, e mencionado por Ruiz (2014), é Beer, que cita um trecho da publicação sob o título de *Homilias*, de Basílio:

> Nada resiste ao poder do dinheiro. Todos se curvam perante a ele. [...] O pão de que te aproprias é daquele que tem fome. Daquele que está nu são as roupas que guardas nas tuas arcas. Daquele que anda descalço, e que trabalha em tua casa sem nada receber, é o dinheiro que escondeste no teu subterrâneo. [...] O supérfluo dos ricos é o necessário dos pobres. Quem possui um bem supérfluo possui um bem que não lhe pertence. (Beer citado por Ruiz, 2014, p. 45)

Ainda retomando à origem dos direitos humanos em fases históricas precedentes às revoluções burguesas, encontramos a era denominada *proto-histórica* dos direitos humanos (nos dizeres de Guerra, 2012). Esse período tem início na Baixa Idade Média, mais especificamente entre os séculos XII e XIII. Como alerta Guerra (2012, p. 90),"Não se trata ainda de uma afirmação de direitos inerentes à própria condição humana, mas sim o início do movimento para a instituição de limites ao poder dos governantes, o que representou uma grande novidade histórica".

Cabe salientar que, nesse processo, estávamos em determinado momento da sociedade de questionamentos, buscando reduzir o poderio absoluto do rei, por parte de uma classe social que vinha crescendo e encontrava-se bastante descontente, que era a burguesia. Com a intensificação de suas atividades comerciais nas cidades, não sendo mais tão dependentes do rei e, mesmo assim, não gozando de liberdade para usufruir dos frutos de seu trabalho e das decisões políticas, os processos de rebeldia instauram-se na sociedade europeia. O próprio Iluminismo significou a abolição do feudalismo, uma vez que este não deixaria de existir naturalmente (Ruiz, 2014). O mesmo pensador ainda esclarece que se tratava "de negar toda uma organização social que já não atendia aos anseios da burguesia – que vinha crescendo ao longo dos anos" (Ruiz, 2014, p. 31).

Esse questionamento sobre o poderio destinado a apenas uma parcela específica da sociedade corrobora, cada vez mais fortemente, para as lutas em prol da liberdade. Algumas declarações aparecem como referência desses movimentos de lutas por direitos, como a Petição de Direitos, de 1629; a Lei de Habeas Corpus, de 1679; e o Bill of Rights, de 1689.

Sobre a Carta de Direitos de 1689, aprovada exatamente um século antes de um dos mais importantes acontecimentos históricos para a consolidação dos direitos humanos, Guerra (2012, p. 92) menciona:

> o *Bill of Rights* promulgado exatamente um século antes da Revolução Francesa, pôs fim, [...] ao regime de monarquia absoluta, no qual todo poder emana do rei e em seu nome é exercido. [...] O *Bill of Rights* garantia a liberdade pessoal, a propriedade privada, a segurança pessoal, o direito de petição, a proibição de penas cruéis dentre outras, estabelecendo uma nova forma de organização do Estado cuja função precípua é a de proteção dos direitos da pessoa humana.

Ainda na continuidade desses estudos feitos por Guerra (2012) sobre o referido tema, há o Ato do Parlamento (Act of Seattlement) de 1701, que guarda relação com o princípio da legalidade e da responsabilização política dos agentes públicos.

No decorrer desse processo de construção de direitos que balizem elementos referentes aos direitos humanos, encontramos o que muitos autores denominam como *revoluções burguesas* – assim chamadas porque defendem interesses de uma classe especial e em expansão: a burguesia. Nesse contexto, é importante referenciar que grande parte dos estudiosos do tema dos direitos humanos agrega às revoluções burguesas o início da construção desses direitos. Esse elo é proposto tendo em vista a luta que se instituiu na Europa contra o sistema de privilégios das classes abastadas – em especial, ao rei –, valorizando elementos necessários como garantia de direitos e aproximadores de uma perspectiva mais liberal, destacando-se valores como igualdade, a liberdade e a fraternidade (o conhecido lema da Revolução Francesa).

Desse modo, os anos de 1776 e 1789 são referências no que tange às conquistas dos direitos humanos, já que, em 1776, ocorreu a declaração de independência norte-americana – que deixa de ser colônia inglesa –, enquanto nascia um novo momento de referência de proteção do indivíduo, valorizando essa garantia. Em 1789, temos grande destaque com a Declaração dos Direitos do Homem e do Didadão, que representa "o atestado de óbito do *Ancien Regime*", constituído pela monarquia absoluta e pelos privilégios feudais, traduzindo-se como o primeiro elemento constitucional do novo regime político (Guerra, 2012, p. 93).

O mesmo autor afirma também que a consagração normativa dos direitos fundamentais da pessoa humana ficou a cargo da França, que, com a Declaração dos Direitos do Homem e do Cidadão (1789) previu os direitos de igualdade, da liberdade, da legalidade, entre outros. Todavia, cabe aqui uma reflexão no que tange à efetiva preocupação com direitos humanos desse documento.

Em que pese uma série de situações previstas nele, vale a indagação: Em algum momento, você consegue identificar uma luta pelo fim da desigualdade social ou da miséria? Pense sobre isso!

Neste momento do estudo, você pode estar pensando: Mas, então, com os processos desenvolvidos pela nação americana e pela nação francesa, a conquista dos direitos humanos foi efetivada e significou um grande salto para a humanidade! Nesses eventos – já mencionados, a revolução burguesa norte-americana e a revolução burguesa francesa – originou-se, exclusivamente, a constituição dos direitos humanos. Mas, cuidado, porque essa afirmação pode ser questionada!

Embora em grande parcela – e para a grande maioria dos estudiosos –, a origem dos direitos humanos remonta às revoluções burguesas, elas não são as únicas e exclusivas fontes das quais os direitos humanos se utilizaram para se multiplicar e se referendar perante o processo humanitário civilizatório. É importante que você entenda que esse debate mais polêmico não é enfrentado por grande parte dos profissionais, precisando ainda, de mais maturidade teórica e espaço para discussão.

Há uma compreensão sobre a origem dos direitos humanos em período anterior às revoluções burguesas, embora tenham tido papel fundamental na construção desses direitos, ele **não** pode ser compreendido como papel exclusivo. Como afirma Ruiz (2014, p. 35), "Os processos revolucionários de 1776 e 1789 não dão, necessariamente, origem a sua essência. Como uma certidão de nascimento, tais direitos passam a ter reconhecimento formal, fruto de convenções sociais existentes na época em que tais declarações são instituídas".

O mesmo autor ainda alerta sobre a possível fragmentação e perspectiva reducionista, não dialética, de leitura e observação da realidade, quando carece de dados históricos anteriores ao período das revoluções burguesas no que diz respeito ao surgimento dos direitos humanos.

Há, ainda, na esteira dessa discussão, e seguindo o mesmo autor, algumas concepções a respeito dos direitos humanos e, nesta reflexão, escolhemos duas concepções que consideramos importantes para abordar neste estudo, em especial, por sua singular diferença e contradição. Trata-se da **concepção liberal** e da **concepção socialista** acerca dos direitos humanos. Ao passo que a primeira concepção defende a igualdade para todos – compreenda essa igualdade sob um viés liberal e individualista, de igualdade perante as leis –, a segunda trata de uma concepção sob uma perspectiva mais coletiva e menos individual, quando aborda as lutas de trabalhadores e da "necessidade de reconhecimento, previsão e efetividade a direitos de ordem social e do mundo do trabalho" (Ruiz, 2014, p. 218).

Para além dessas definições históricas sobre os direitos humanos, os quais aconteciam, particularmente, dentro dos Estados Nacionais, a partir do século XX, apresenta-se a preocupação com direitos humanos na esfera internacional. Essa preocupação foi movimentada, em especial, em razão da existência das duas grandes guerras mundiais e seus desdobramentos desumanos. Importa ressaltar que o direito humano no sistema internacional de proteção dos direitos humanos tem início na metade do século XIX, manifestando-se, basicamente, em três setores: "o direito humanitário, a luta contra a escravidão e a regulação dos direitos do trabalhador assalariado" (Comparato, 2010, p. 67).

Os direitos humanos em âmbito internacional têm eco e localidade nas duas grandes guerras mundiais. A Convenção de Genebra é reconhecida como um grande marco quanto ao início da concepção da internacionalização dos processos afetos aos direitos humanos.

A primeira convenção aconteceu em 1864, seguida de outras três, que ampliam suas proteções no que diz respeito aos sujeitos e aos direitos elencados, nos anos de 1906, 1929 e 1949. Com a compreensão da internacionalização dos direitos humanos, sua garantia avança com a assinatura de tratados internacionais, bem como pela alteração significativa no que diz respeito à esfera da autonomia estatal, já que esta sai da perspectiva mínima e doméstica para o complexo âmbito do direito internacional. Um dos grandes documentos que balizam os direitos humanos na esfera internacional, no século XX, é a Declaração Universal de Direitos Humanos, datada de 1948.

Para Guerra (2012), o destaque do sistema de proteção internacional dos direitos humanos fortalece-se em 1945, com a proclamação da Carta da ONU (Organização das Nações Unidas). O mesmo autor elenca alguns instrumentos que buscam garantir o compromisso internacional com relação aos direitos humanos: "a Convenção Europeia de Direitos Humanos (1950); o Pacto Internacional de Direitos Civis e Políticos (1966); a Convenção Interamericana de Direitos Humanos (1969); os Acordos de Helsinque (1975); e a Carta dos Povos Africanos e Direitos Humanos (1981)" (Guerra, 2012, p. 94).

Em que pesem todos os acordos internacionais, o estabelecimento dos direitos humanos como direitos efetivamente garantidos e consolidados em grande parte do cenário mundial na contemporaneidade ainda são objeto de lutas e de conquistas históricas e diárias. Efetivamente, na contemporaneidade, o rol do que é compreendido como direito é, diametralmente, maior e mais complexo do que anteriormente, tendo em vista as concepções teóricas acerca dos direitos, o modelo de sociedade instituído e as legislações vigentes, as quais, em sua grande maioria, delimitam e delineiam os direitos humanos como referência de construção de sociedade.

Há, ainda, outro indicador quanto à efetividade desses direitos, o qual diz respeito à sua exequibilidade. Bem alerta Bobbio (2004) com relação aos direitos humanos (do homem) e ao percurso para sua garantia à população:

> Quando se trata de enunciá-los, o acordo é obtido com relativa facilidade, independentemente do maior ou menor poder de convicção de seu fundamento absoluto; quando se trata de passar à ação, ainda que o fundamento seja inquestionável, começam as reservas e as oposições. O problema fundamental em relação aos direitos do homem, hoje, não é tanto o de justificá-los, mas o de protegê-los. Trata-se de um problema não filosófico, mas político. (Bobbio, 2004, p. 15-16)

Diante dessa observação e da perfeita análise do pensador italiano, verificamos que o problema relacionado à garantia efetiva do direito do homem, dos direitos humanos, está além de uma visão filosófica. Tal garantia encontra-se na esfera da visão política, com interesses mais complexos e referenciados de acordo com questões específicas. A política, se você observar atentamente, permeia, permeou e permeará toda a história dos direitos humanos. Sua construção e sua efetivação não foi (nem será) simples, pois envolvem elementos políticos, jogos de poder e de manutenção (ou desconstrução e revoluções) da ordem instituída.

Para Piovesan (2006), ao resgatar sua perspectiva de alcance e de garantias na intitulada *concepção contemporânea de direitos humanos*, afirma que:

> Neste cenário, a Declaração de 1948 inova a gramática dos direitos humanos, ao introduzir a chamada concepção contemporânea de direitos humanos, marcada pela universalidade e indivisibilidade destes direitos. Universalidade porque clama pela extensão universal dos direitos humanos, sob a crença de que a condição de pessoa é o requisito único para a titularidade de direitos, considerando o ser humano como um ser essencialmente moral, dotado de unicidade existencial e dignidade. Indivisibilidade porque a garantia dos direitos civis e políticos é condição para a observância dos direitos sociais, econômicos e culturais e vice-versa. Quando um deles é violado, os demais também o são. Os direitos humanos compõem, assim, uma unidade indivisível, interdependente e inter-relacionada, capaz de conjugar o catálogo de direitos civis e políticos ao catálogo de direitos sociais, econômicos e culturais. (Piovesan, 2006, p. 8)

É importante identificar que os direitos humanos compõem um núcleo repleto de direitos – sociais, econômicos, políticos, civis, entre outros –, que, sem a garantia de uma esfera, inevitavelmente, os outros estarão prejudicados. Vale a reflexão de que esses direitos são indivisíveis e universais justamente por reforçarem sua importância, conexão e indissociabilidade. Não há como garantir a proteção aos direitos humanos se uma de suas esferas estiver fragilizada ou incompleta. O ser humano, nesse sentido, é visto e compreendido como ser completo, único, entendido em sua particularidade, porém dentro de seu processo coletivo de totalidade. Não há como falar em garantia efetiva de direitos humanos sem uma visão complexa e referencial acerca de sua unidade protetiva, que garante a completude e a integralidade de todo rol de direitos que compõem os denominados *direitos humanos*.

3.3.2 A relação dos direitos humanos com o serviço social: uma aproximação necessária

O debate sobre os conhecidos e intitulados *direitos humanos*, como já localizado exaustivamente na construção desta obra, acontece por meio das condições históricas engendradas socialmente. Identificamos, nesse processo, uma significativa relação entre as lutas da classe burguesa com a nobreza "parasitária" do regime feudal e as famosas revoluções burguesas como estratégias político-sociais de defesa e construção de um novo regime político de sociedade.

Porém, para além disso, você deve estar se perguntando: De que forma posso estabelecer relação entre o debate a respeito dos direitos humanos e de sua configuração e debate para a profissão do serviço social? Longe de intentar exaurir esse tema (que, por si só, já justificaria, no mínimo, um capítulo à parte), cabem algumas aproximações ao debate.

É sabido que, no contemporâneo Código de Ética do Assistente Social (delineado pela Resolução CFESS n. 273/1993), com seus 11 princípios fundamentais da profissão difundidos, há, ao menos, um deles que estabelece relação direta com o tema em comento, o princípio II, que prevê: defesa intransigente dos direitos humanos e recusa do arbítrio e do autoritarismo. É possível afirmar que esse artigo e o próprio Código de Ética da profissão indicam opções políticas assumidas pela profissão (e por seu corpo de profissionais), de forma hegemônica, no que diz respeito ao tipo de sociedade que se almeja e se defende, compreendendo, desse modo, o papel que os direitos humanos delineiam na garantia desse processo.

Porém, alguns elementos são sumariamente relevantes na construção desse processo, na perspectiva de ir além do que tem sido afirmado – veemente e politicamente pela profissão e por seus documentos legais – na execução do cotidiano profissional. Busca-se, assim, refletir sobre os limites (institucionais, econômicos e pessoais) encontrados na efetiva defesa e vivência dos direitos humanos no âmbito do trabalho profissional do assistente social. Devemos refletir acerca das possibilidades e das condições históricas para garantir, simbólica e praticamente, que a defesa intransigente dos direitos humanos ultrapasse seu alcance histórico-legal. Nesse cenário, um ponto importante que deve ser levado em consideração diz respeito à característica do assistente social como pertencente à classe trabalhadora. Como nos posicionam Forti, Marconsin e Forti (2011, p. 31):

> Os Assistentes Sociais também são assalariados que estão, não obstante a peculiaridade de serem especializados e vinculados às políticas sociais, como os demais trabalhadores, sujeitos às injunções da reestruturação produtiva do capitalismo, que degrada as condições de trabalho e de vida do conjunto da classe trabalhadora.

Diante dessa colocação, é possível o seguinte questionamento: De que forma o assistente social, que luta por processos de ampliação e transformação social, por uma sociedade mais justa e igualitária, tendo como uma de suas perspectivas a defesa relacionada aos direitos humanos, poderá contribuir, de forma real e concreta, na execução desses direitos na sociedade e na realidade contemporâneas?

Trata-se de um desafio que deve ser considerado em todo seu processo de complexidade e totalidade, porém, consolidando os obstáculos que são postos, majoritariamente e diariamente à profissão.

É salutar compreender, nesse processo, a interrelação presente entre direitos garantidos/conquistados e as denominadas *ações antecipatórias* (Forti; Marconsin; Forti, 2011). A depender das lutas históricas engendradas e de um possível cenário de instabilidade política e social – revelada, por vezes, nos questionamentos de parcela da população alijada de seus direitos e do acesso à participação da riqueza socialmente produzida –, determinadas conquistas históricas têm, no processo de controle social e manutenção da ordem, sua grande conquista. Um contraponto bastante relevante no que tange à consolidação dos direitos humanos é lembrado por Forti, Marconsin e Forti (2011, p. 39) quando afirmam que,

> se as conquistas iniciais da burguesia significaram avanço para a humanidade, dado o fato de suscitarem e situarem os direitos na História, no espaço das ações humanas, também foram conquistas que instituíram contradições, haja vista terem viabilizado a proclamação da universalidade de direitos e uma organização social que supõe hierarquia e desigualdade.

Nesse contexto é que se coloca a necessária reflexão: Qual é o processo que orientará a garantia efetiva de tais direitos em uma sociedade eminentemente capitalista? E, se o serviço social luta por uma sociedade mais justa, encontrando eco em seu princípio fundamental VIII, que aborda uma profissão vinculada à construção de nova ordem societária, com base em que realidade esses princípios podem ser elucidados, sem demonstrar contradição em seus processos?

É primário compreender que, de modo geral, todos os assistentes sociais atuam com direitos humanos (Ruiz, 2011), clareza e compromisso que nem todos os profissionais apresentam. O serviço social é uma profissão eminentemente social, que trabalha diretamente com as infinitas expressões da questão social, em suas mais variadas formas. Desse modo, a leitura e a interpretação a respeito dos direitos humanos os compreendem como direitos que abarcam os demais direitos, sendo eles: civis, políticos, sociais, entre outros. Não há de se falar em uma compreensão fragmentada ou relativizada sobre direitos humanos, pois devemos compreender que o grau de direito que atinge (civil, político, social) demonstra apenas uma de suas perspectivas de alcance e defesa.

Assim, em que pese a leitura do profissional assistente social como partícipe da classe trabalhadora assalariada, das limitações institucionais a ele imbricadas e das dificuldades por vezes presentes, esse profissional deverá utilizar de estratégias e inventividade na diretriz de configuração e consolidação da defesa de direitos humanos.

Nesse processo, cabe a leitura crítica da sociedade capitalista e dos limites impostos à efetivação dos direitos humanos, sob um viés crítico:

> é preciso se apropriar dos conteúdos destes arcabouços legais, bem como da forma de acioná-los nacional e internacionalmente, sempre na perspectiva de ampliar não apenas o acesso a direitos, mas a apreeensão de que sua efetiva realização depende da derrota do modelo de sociedade capitalista hoje hegemônico mundialente. (Ruiz, 2011, p. 88)

A profissão de serviço social encontra, na defesa intransigente dos direitos humanos, seus princípios fundamentais, os quais deverão consolidar e solidificar as diretrizes de trabalho na concepção de defesa de direitos desse profissional.

Síntese

Neste capítulo, abordamos os conceitos de cidadania e de direitos humanos, apresentados por diferentes autores e sob distintas perspectivas. Evidenciamos as origens e as diferenças do conceito de cidadania, desde as definições mais simples às mais elaboradas, a depender das fontes consultadas e do período histórico em que foram construídos, bem como a evolução histórica da cidadania, considerando sua gênese na sociedade greco-romana e pontuando as mudanças que sofreu ao longo da história.

Depois, tratamos da relação entre cidadania e direitos humanos, da temática mais específica dos Direitos Humanos, para compreender a construção histórica e as diferentes concepções com base no ponto de vista dos estudiosos liberais e dos estudiosos com viés de análise socialista.

Também aludimos aos documentos que expressam, formalmente, a história dos direitos humanos em distintas épocas, como a declaração das cortes de Leão de 1188, a Magna Carta de 1215, a Petição de Direitos de 1629, a Carta de Direitos de 1689, entre outros, até alcançar a proteção dos direitos humanos em âmbito internacional.

Por fim, analisamos a relação entre o serviço social e os direitos humanos, tendo como referência o Código de Ética Profissional e os princípios fundamentais da profissão, que balizam a defesa dos direitos humanos por parte da categoria profissional.

Para saber mais

PINSKY, J.; PINSKY, C. B. (Org.). **História da cidadania**. 4. ed. São Paulo: Contexto, 2008.

Esse livro é uma referência no debate sobre a evolução histórica do conceito de cidadania, nas diferentes sociedades e sob seus diversos aspectos. Composto por uma série de artigos, todos abordam diferentes perspectivas, com o foco central do tema de cidadania. Os autores são estudiosos renomados na área, que trazem contribuição significativa no que diz respeito ao debate sobre a cidadania. Vale a leitura!

Questões para revisão

1. O conceito de cidadania é mutável e dinâmico. Tomando por referência o conceito de cidadania (o "ser cidadão") adotado por Pinsky e Pinsky (2008), é correto afirmar que:

a) Trata-se de um conceito estanque e imutável no tempo-espaço.
b) A conquista dos direitos políticos não tem relação com o conceito de cidadania.
c) Os direitos sociais são os mais importantes entre os diferentes tipos de direitos citados em seu conceito de cidadania.
d) Ser cidadão é, exclusivamente, ter igualdade perante a lei.
e) O conceito de cidadania é ampliado e dinâmico, pois considera os diferentes direitos em sua amplitude e complementaridade.

2. Sobre a organização da sociedade greco-romana e as características da cidadania nesse período, analise as afirmativas a seguir.
   I) A cidadania na sociedade grega era do tipo universal, sendo todos as pessoas que estavam em terras gregas (habitantes, naturais e estrangeiros) considerados cidadãos.
   II) As mulheres, dado seu grau de importância na sociedade grega, eram as únicas pessoas reconhecidas com o *status* de cidadãs.
   III) Na sociedade grega, a cidadania era definida por meio do critério de seletividade, ou seja, apenas pessoas naturais eram reconhecidas como cidadãs, além de o critério de distinção social também fazer parte da característica cidadã.
   IV) Em terras romanas, os plebeus eram a classe formada pelos proprietários de terras, únicos considerados cidadãos.
   Está correto o que se afirma em:
   a) I e II.
   b) I, II, III e IV.
   c) I e III.
   d) II e III.
   e) III apenas.

3. No que diz respeito à relação intimamente presente entre o serviço social e os direitos humanos, é correto afirmar:
   a) O serviço social é uma profissão que compreende os direitos humanos na linha da caridade e da solidariedade, e não como um direito.
   b) O serviço social não apresenta relação com o debate ou, sequer, com a defesa dos direitos humanos.

c) Reconhecer o assistente social como parte da classe trabalhadora não significa dizer que esse profissional esteja também, sujeito às intempéries do sistema de produção capitalista.
d) O serviço social tem um compromisso ético com a defesa dos direitos humanos, sendo este insculpido em um dos princípios fundamentais da profissão.
e) O serviço social não trabalha com demandas relacionadas aos direitos humanos.

4. A construção do conceito de cidadania se perfaz no processo sócio-histórico da história da humanidade. Disserte sobre o conceito de cidadania presente na sociedade greco-romana.

5. Considerando a construção histórica do conceito de direitos humanos e sua evolução, relate os diferentes momentos em que os debates sobre os direitos humanos se fizeram presentes na história da humanidade.

Questões para reflexão

1. Leia o texto a seguir:

> Nada resiste ao poder do dinheiro. Todos se curvam perante a ele. [...] O pão de que te aproprias é daquele que tem fome. Daquele que está nu são as roupas que guardas nas tuas arcas. Daquele que anda descalço, e que trabalha em tua casa sem nada receber, é o dinheiro que escondeste no teu subterrâneo. [...] O supérfluo dos ricos é o necessário dos pobres. Quem possui um bem supérfluo possui um bem que não lhe pertence.
>
> Fonte: Beer, citado por Ruiz, 2014, p. 45.

Com base no conteúdo estudado neste capítulo e da concepção sobre igualdade e liberdade na Revolução Francesa, fundamentada na perspectiva liberal, você acredita que os lemas de igualdade e liberdade eram destinados a garantir as mesmas condições a todos? Você acredita que, com esses lemas da revolução, buscava-se erradicar o processo de desigualdade social, de modo a construir uma sociedade mais justa e solidária?

Mariana Patrício Richter Santos

capítulo 4

A formação do Estado liberal e o Estado de bem-estar social

Conteúdos do capítulo:
- Conceito de Estado liberal.
- Elementos históricos do Estado liberal.
- Conceito, características e tipos do Estado de bem-estar social.
- Crise do padrão do Estado de bem-estar social.

Após o estudo deste capítulo, você será capaz de:
1. compreender o que é Estado liberal;
2. refletir acerca da construção dos direitos na era liberal;
3. entender o que é Estado de bem-estar social;
4. identificar os motivos da crise do Estado de bem-estar social.

Neste capítulo, vamos refletir sobre a formação dos modelos de Estado denominados *Estado liberal* e *Estado de bem-estar social (welfare state)*. Abordaremos as concepções de Estado liberal e de Estado de bem-estar social, evidenciando suas características, peculiaridades e diferenças, bem como sua relevância histórica na conceituação de Estado. Os elementos que compõem os itens de defesa de cada modelo de Estado serão referenciados, esclarecendo seu processo histórico nascedouro, sua continuidade e seu momento de crise ou reconfiguração. Também analisaremos os processos histórico-conjunturais que justificam a adoção dos Estados, seja ele o Estado liberal, seja ele o Estado de bem-estar social. Vamos refletir juntos sobre o tema?

4.1 Formação do Estado liberal: origem e contexto histórico

Para compreender o modelo econômico no qual foi implantado o Estado liberal, você precisa conhecer o contexto histórico no qual foi inserido e delineado o chamado *liberalismo*. Até agora, apresentamos alguns elementos que explicam a formação e a história da sociedade e da humanidade, analisando, para isso, a compreensão do Estado e suas conformações iniciais, fundamentando-se na visão de grandes pensadores, como Locke, Hobbes e Rousseau, conhecidos como *contratualistas*.

Esses autores tinham concepções distintas do papel do Estado e da sociedade civil, embora mais liberais. O pensador que mais destoa de uma perspectiva mais individualista, partindo para o pressuposto de uma visão mais coletiva, seria Rousseau, quando aborda a "vontade geral" como orientadora do contrato social. Para Tavares (2010), "Hobbes, em seu *Leviatã*, Locke, em seu *Tratado do Governo Civil*, e Rousseau, no seu *Contrato Social*, desenvolveram concepções consoante as quais a sociedade se governa com base em um pacto, uma convenção, um estatuto básico" (Tavares, 2010, p. 36, grifo do original).

É importante ressaltar que o surgimento da teoria liberal, do Estado liberal – e sua perspectiva centrada na garantia dos interesses do indivíduo – encontra respaldo no combate ao regime político absolutista e monárquico presente na sociedade, em meados do século XVII. O grande e inquestionável poder despótico vivenciado e exercido pelos reis e pela nobreza tornam-se alvo de questionamentos de uma classe burguesa insatisfeita e de uma população também insatisfeita, em razão da exploração vivenciada. É válido elucidar: o surgimento das ideias liberais e da teoria liberal encontram na burguesia e na propriedade privada seus elementos fundantes.

No viés do contratualismo, aborda-se a questão dos direitos dos indivíduos e da propriedade privada como um direito natural, proveniente do trabalho desse homem vivente em sociedade. Um dos pensadores que faz essa defesa do direito natural é Locke, compreendendo que os direitos do homem devem constituir direitos naturais. Como explica Chaui (2000, p. 519), "Locke parte da definição do direito natural como direito à vida, à liberdade e aos bens necessários para a conservação de ambas. Esses bens são conseguidos pelo trabalho".

Ora, se a propriedade, naquele momento, é compreendida como um direito natural do homem e fruto de seu trabalho, a burguesia fará movimentos que garantam seu poderio político e econômico diante de uma sociedade que se organizava, até aquele momento, sob o viés monárquico – absolutista. Essa burguesia entende que precisa garantir seu poder e sua influência na sociedade por meio da concepção de um Estado que defenda tais liberdades dos indivíduos.

Essa burguesia, que trabalhava e, portanto, detinha o direito à propriedade como um direito natural, considerava os reis e a nobreza como parasitas da sociedade, nos dizeres de Chaui (2000). Além disso, podemos perceber uma primeira aproximação com o debate acerca da "meritocracia", pois, se a propriedade era fruto do trabalho, quem não utilizava de sua capacidade de trabalho da forma adequada, por óbvio, não deveria ter acesso ao direito à propriedade. Essa configuração aplicava-se, comumente, às pessoas pobres da sociedade, vistos como preguiçosos. Ou, ainda: "Os liberais veem a miséria como natural e insolúvel, pois decorre da imperfectibilidade humana, ou seja, a miséria é compreendida como resultado da moral humana e não como resultado do acesso desigual à riqueza socialmente produzida" (Behring; Boschetti, 2007, p. 62).

Dessa forma, uma das perspectivas do Estado liberal detinha-se na intensa limitação do poder do soberano. O argumento era permeado na defesa de suas intervenções e atuações comerciais, sem a interferência estatal. A corrente ideológica que configura o Estado liberal assenta sua posição na "criação de um mercado autorregulado imune a interferências estatais de qualquer gênero" (Moraes, 2014, p. 272).

O liberalismo, na história da humanidade, consolida-se em diferentes períodos históricos e em momentos característicos da sociedade. Alguns exemplos desse processo de consolidação do liberalismo guardam íntima associação com as revoluções burguesas: "Na Inglaterra, o liberalismo se consolida em 1688, com a chamada Revolução Gloriosa. No restante da Europa, será preciso aguardar a Revolução Francesa de1789. Nos Estados Unidos, consolida-se em 1776, com a luta pela independência" (Chaui, 2000, p. 521). A despeito dos momentos diferenciados de consolidação, o liberalismo indica uma concepção de sociedade contrária aos ditames dos poderes de reis e nobreza, calcados em referenciais divinos e teocráticos. O liberalismo, como referência mestra, apresenta sua centralidade na liberdade do indivíduo e no direito à propriedade privada.

Você deve compreender que, no processo de luta para implantação do liberalismo, o famoso lema advindo da Revolução Francesa – igualdade, fraternidade e liberdade – não necessariamente indica preceitos coletivistas e de instauração de nova ordem societária que se queira universal. A exemplo disso, temos *liberdade* como sinônimo de liberdade de escolha, de imprensa, dos indivíduos, e *igualdade* como igualdade formal (perante as leis). Mas, veja: essa pretensa igualdade, nesse período histórico, tem relação com a igualdade das pessoas que são proprietárias de terras. Logo, essa igualdade tão propagada como lema da Revolução Francesa não é tão igual como se possa imaginar. Trata-se de uma igualdade seletiva, visto que os iguais são apenas iguais no acesso à propriedade como direito. Eis que você pode perguntar: Mas com as leis, não conseguimos igualar os direitos a todos os cidadãos, indistintamente? A resposta é não! A escravidão, por exemplo, era legalizada. E, mesmo assim, a igualdade em uma perspectiva universal não era alcançada, por motivos óbvios.

4.1.1 As características de um Estado liberal

Cabe ressaltar e aprofundar, agora, algumas características que podem ser atribuídas ao denominado *Estado liberal*, incluindo a teoria liberal. A definição de liberalismo não é uma simples, a considerar seus distintos movimentos históricos na sociedade. Há uma "lista tríplice" de motivos que indicam a dificuldade de comungar de um único conceito de liberalismo, que afirma: é liberal o que existe de democrático nas atuais democracias liberais; sua manifestação é diferenciada em vários países, com periodizações distintas na sociedade; e, por fim, não há de se falar em uma "história–difusão" do liberalismo, já que encontrou problemas e demandas específicas a depender da sociedade em que se instaurou (Bobbio; Matteucci; Pasquino, 1998).

Um ponto importante do Estado (e da teoria) liberal diz respeito à separação entre o Estado e a sociedade civil. Não há de se falar em negação do Estado no que tange à teoria liberal (erro comumente exercido pelos mais desavisados), mas se deve considerar um Estado que atenda aos interesses da sociedade civil, protegendo-a de riscos (principalmente no que diz respeito à propriedade privada), e à regulação da igualdade formal entre os cidadãos. É possível afirmar, em uma sentença bastante esclarecedora, que o coração do liberalismo reside na distância entre o Estado e a sociedade (Chaui, 2000). Desta feita, se há a separação do Estado dentro do Estado liberal, há uma função tríplice também atribuída a esse Estado:

1. por meio das leis e do uso legal da violência (exército e polícia), garantir o direito natural de propriedade, sem interferir na vida econômica, pois, não tendo instituído a propriedade, o Estado não tem poder para nela interferir. Donde a ideia de liberalismo, isto é, o Estado deve respeitar a liberdade econômica dos proprietários privados, deixando que façam as regras e as normas das atividades econômicas;

2. visto que os proprietários privados são capazes de estabelecer as regras e as normas da vida econômica ou do mercado, entre o Estado e o indivíduo intercala-se uma esfera social, a sociedade civil, sobre a qual o Estado não tem poder instituinte, mas apenas a função de garantidor e de árbitro dos conflitos nela existentes. O Estado tem a função de arbitrar, por meio das leis e da força, os conflitos da sociedade civil;

3. o Estado tem o direito de legislar, permitir e proibir tudo quanto pertença à esfera da vida pública, mas não tem o direito de intervir sobre a consciência dos governados. O Estado deve garantir a liberdade de consciência, isto é, a liberdadede pensamento de todos os governados e só poderá exercer censura nos casos emque se emitam opiniões sediciosas que ponham em risco o próprio Estado. (Weber citado por Chaui, 2000, p. 520)

Diante dessas funções, compreende-se que o Estado tem um papel, dentro da teoria liberal, de garantidor do direito natural de propriedade, de regulador e mediador de conflitos que possam surgir na sociedade, assegurando a liberdade de consciência. Ao vislumbrar os interesses presentes nesse Estado e nessa sociedade que apregoa o valor da liberdade, é seguro dizer que temos, no Estado liberal, o espelho de uma configuração de um Estado burguês (Miranda, citado por Moraes, 2014). A liberdade apregoada pelo Estado liberal-burguês configura-se como liberdade burguesa: transmuta-se naquela liberdade contratual, de propriedade, de comércio e de indústria (Moraes, 2014).

Ainda sobre a relação da ótica liberal entre Estado e sociedade, cabe ressaltar a corrente tese da valorização do indivíduo. Esse indivíduo é o cidadão, e sua propriedade deve ser preservada, compreendida como direito natural. Parte-se do pressuposto que, se cada indivíduo agisse em seu interesse econômico, atingiria, ao menos de forma indireta, a forma macro da sociedade, ampliando seus benefícios. Desse modo, "É o funcionamento livre e ilimitado do mercado que assegura o bem-estar coletivo. É a 'mão invisível' do mercado livre que regula as relações econômicas e sociais e produz o bem comum" (Behring; Boschetti, 2007, p. 56).

Sob essa ótica, a liberalidade do mercado conduzindo a vida dos cidadãos, a livre concorrência, com a "mão invisível" do mercado, possibilitaria uma sociedade mais justa e igualitária em oportunidades dentro da perspectiva liberal. Nesse mote, o Estado não poderia – sob nenhuma justificativa – controlar ou regular os interesses econômicos do mercado, dos cidadãos ou da classe burguesa, sob o protesto de exclusão da tão defendida liberdade. A crítica que se faz a esse Estado liberal, por meio da teoria marxista, encontra em seu bojo que a tal "liberdade" defendida pelos ditos liberais guarda relação direta com a liberdade de acumulação de capital, de exploração, da escravidão moderna e da colonização, além de tantas outras características e desigualdades presentes (Motta, 2014). Segundo esse mesmo autor, para que haja, efetivamente, uma transição da vontade geral para novas formas de participação política, será necessária uma ruptura com o liberalismo. A articulação política que deveria ser feita seria com o socialismo, porque "indicaria uma ruptura e descontinuidade com o Estado capitalista, e com a limitada democracia representativa moderna" (Motta, 2014, p. 205).

Eis que, presente essa crítica ao liberalismo, cabe, brevemente, mencionar os motivos de enfraquecimento e "falência" desse Estado liberal, compreendendo suas limitações e incertezas. Para um Estado liberal que representava apenas interesses diretos da classe burguesa, os processos desencadeantes de desigualdades sociais tornavam-se cada vez mais presentes na realidade e no cotidiano social. As críticas que se faziam ao liberalismo guardavam relação com a concentração de de garantias à classe burguesa, em detrimento da classe trabalhadora, tendo em vista a concentração de um "domínio quase total dos bens de produção e das riquezas em geral [...]" (Moraes, 2014, p. 273).

Há transformações significativas no processo econômico, no capitalismo em si, alterando sua forma de acumulação de riquezas, trazendo mudanças para o próprio liberalismo. As desigualdades vivenciadas no Estado liberal, em especial a partir da Primeira Guerra Mundial e, posteriormente, na Segunda Guerra Mundial, indicaram a falência desse modelo de Estado. A contraproposta, se assim pode-se dizer (já que a proposta de alteração era, justamente, para manter o sistema liberal), passa a vislumbrar, então, a necessária intervenção estatal na economia, mas como forma de possibilitar que um maior número de cidadãos obtivesse condições de participar da renda que mantivesse as ações do mercado. Essa mudança de perspectiva (de um Estado liberal para um Estado intervencionista) é gestada na iminência de falência do modelo de Estado liberal, mas com base na necessidade de manutenção do funcionamento do mercado, agora mudando os atores: o Estado passa a contribuir na consolidação do modelo pautado na perspectiva de mercado. E, nessa esteira, surge historicamente o que fica conhecido como o *Estado de bem-estar social*, ou *welfare state*.

4.2 Formação do Estado de bem-estar social (*welfare state*)

Neste momento, trataremos do Estado de bem-estar social, também conhecido como *welfare state*, termo em inglês. Você deve estar pensando: O que tem acontecido com o Estado que, pela leitura que tenho acompanhado, altera seu nome? Saímos do Estado liberal e, agora, entramos no Estado de bem-estar social? Veja, não se trata, meramente, de alterações de nomenclatura no que diz respeito ao Estado, mas, muito além disso, você precisa compreender que cada alteração tem um viés social, político e econômico que a orienta e a justifica. Logo, se mencionamos a "falência" do Estado liberal, uma vez que não atendia mais às suas demandas de manutenção do Estado, tendo em vista a ampliação das desigualdades sociais e da miséria, há a implantação do Estado de bem-estar social.

Vale ressaltar que todas as alterações estudadas e vivenciadas no cenário social mundial são permeadas por processos repletos de angústias, lutas e enfrentamentos. Nenhum processo de mudança na história acontece de forma estanque ou isolada, ao contrário, são resultado de todo um contexto histórico e de elementos presentes em dada sociedade.

O Estado de bem-estar social, ou *welfare state*, foi um modelo de Estado assumido na tônica mundial a partir da Segunda Guerra Mundial. É mister compreender que sua implantação nas sociedades, em especial nas europeias e nos Estados Unidos, apresentam relação com a dinâmica de desenvolvimento econômico da sociedade, a fase do capitalismo e o período pós-guerra. A significativa dificuldade do mercado em "dar conta" da manutenção do desenvolvimento econômico, tendo em vista que a lógica baseada no sistema autorregulatório do mercado havia fracassado, fez com que alternativas (sob o cunho estatal) fossem adotadas. Em um primeiro momento, o que parece na contramão da história liberal, em verdade, nada mais é do que uma estratégia de manutenção da dominação econômica, política e social do mercado, usando o Estado como seu aparato conservador. Portanto, a partir do momento em que a máxima do livre mercado não atinge os interesses necessários à manutenção e à sobrevivência do capitalismo e do próprio liberalismo, usa-se a estratégia de, por meio de intervenção e regulação estatais, serem gestadas condições de manutenção e sobrevivência do mercado (e da lógica de consumo) por meio de um Estado interventor. Esse Estado, em realidade, propiciaria condições mínimas de sobrevivência aos cidadãos, permitindo, assim, que contribuíssem com a roda viva que mantinha em funcionamento a lógica de mercado.

4.2.1 Conceito e características do Estado de bem-estar social

A conceituação do Estado de bem-estar social e suas teorias explicativas são inúmeras, a depender do olhar que se tem sobre esse

Estado e da compreensão de sua lógica de existência e da função a ele atribuída.

Vamos trabalhar com a conceituação desse Estado sob a ótica de Draibe (1993, p. 21):

> uma particular forma de regulação social que se expressa pela transformação das relações entre o Estado e a Economia, entre o Estado e a Sociedade, a um dado momento do desenvolvimento econômico. Tais transformações se manifestam na emergência de sistemas nacionais, públicos ou estatalmente regulados de educação, saúde, integração e substituição de renda, assistência social e habitação que, a par das políticas de salário e emprego, regulam direta ou indiretamente o volume, as taxas e o comportamento do emprego e salário da economia, afetando, portanto, o nível de vida da população trabalhadora.

O Estado de bem-estar social, nessa perspectiva, demonstra uma leitura ampliada, na qual, além das exigências de manutenção do próprio capital, identifica alterações nas condições de vida da classe trabalhadora-beneficiária da adoção desse modelo de Estado. Não há de se negar os benefícios ao se adotar um modelo de Estado que proponha possibilidades de acesso a políticas públicas, como o fez o Estado de bem-estar social, mas, antes disso, uma leitura crítica desse processo é salutar porque, mesmo que exista o acesso às diferentes políticas públicas e a direitos instituídas nos diferentes países, o sistema econômico vigente não se altera, qual seja, o capitalismo.

Ao seguir essa lógica de compreensão do Estado de bem-estar social, os pensadores desse tema entendem de forma distinta a existência e o surgimento do *welfare state*. Embora, neste livro, abordemos uma leitura mais crítica da consolidação desse Estado – cumprindo sua função dentro da lógica de mercado –, apresentaremos algumas teorias explicativas sobre o tema, com base nos estudos de Arretche (1995).

As teorias explicativas mencionadas por Arretche (1995) encontram bases em diferentes perspectivas e sob o olhar de diferentes autores e pensadores. Essas teorias têm sustentação nos seguintes embates de surgimento e explicação do *welfare state* considerando esse modelo de Estado como uma consequência da industrialização; como resposta ao capitalismo; como ampliação de direitos; como acordo entre capital e trabalho organizado; como resultado da mobilização da classe trabalhadora; e, ainda, como resposta às configurações históricas.

A teoria explicativa do *welfare state* como **consequência da industrialização** encontra em Titmuss seu grande ícone referencial. Nessa compreensão, esse modelo de Estado acompanha as mudanças ocorridas na sociedade em razão do processo de industrialização. Esse elemento seria justificativa da criação e da existência do Estado de bem-estar social.

Um importante pensador da teoria que compreende o *welfare state* como **resposta ao capitalismo** é O'Connor, e a existência desse modelo de Estado é considerada como uma resposta às necessidades de acumulação e legitimação do sistema capitalista (Richter, 2015).

Outra teoria explicativa bastante importante quando falamos em Estado de bem-estar social diz respeito à **ampliação de direitos**. Para Arretche (1995), essa teoria apresenta um encadeamento de apresentação da lógica de ampliação de direitos, identificando em T. H. Marshall seu grande expoente. Essa perspectiva é compreendida pela autora de forma (ou com um alcance) mais complexa e ampliada, pois não reduz sua análise a elementos meramente funcionalistas ou a uma ótica de reforço do processo de industrialização.

Os direitos analisados por Marshall, segundo essa teoria, indicam a base fundante nessa concepção de *welfare state* (Richter, 2015). Há significativa relação entre o espectro dos direitos alcançados e a cidadania que a eles poderia ser atribuída. Desta feita, o Estado visto como "protetor", já que disponibiliza acessos antes não possíveis aos cidadãos, advém das experiências das guerras – nos dizeres de Arretche (1995). Desse modo, esse Estado assumiria um papel de democratizar e fortalecer laços sociais existentes no tecido social.

Sob o olhar de outra teoria, temos a compreensão do *welfare state* como um **acordo entre capital e trabalho organizado**. Nessa ótica, a compreensão é que o *welfare* de um Estado é bastante reduzido, ou seja, a parte relativa à proteção mais especificamente fica subjugada ao papel ou à atribuição maior de um Estado. Na leitura dessa teoria, "o espectro do *welfare state* é bastante reduzido: ele diz respeito aos programas de corte social, os quais garantem as condições do conjunto da população" (Arretche, 1995, p. 39).

Vamos refletir: Qual a necessidade de compreender tantas teorias explicativas relacionadas ao *welfare state*, ou Estado de bem-estar social? Ele não é, simplesmente, um estado protetor presente em todas as sociedades? Se essa for a sua pergunta, a resposta é não. E a resposta é negativa por dois motivos bem específicos: o primeiro deles trata da necessidade de compreender que o modelo de *welfare state* não foi adotado mundialmente e de forma universal; o segundo motivo (e não menos importante) é compreender que, mesmo adotado em um grande número de países, o *welfare state* tem perspectivas e características específicas, a depender de cada país, conjuntura político-social e das forças de luta presentes em cada região territorial.

Com essa reflexão, podemos nos aproximar da teoria explicativa que entende o *welfare state* como **resultado da mobilização da classe trabalhadora**, ou seja, como decorrência dos movimentos da classe trabalhadora nos mais variados espaços. Essa classe trabalhadora, subjugada aos interesses capitalistas e liberais – ou seja, de uma sociedade regulada pelo mercado, mas que rege seus interesses apenas pela ótica da classe detentora do poder –, acaba por resistir, em suas mais variadas formas, às injustiças e à exploração. Desse modo, a variável explicativa dessa teoria apresenta relação com a potencialidade da classe trabalhadora de requisitar o que compreende como direito, em distintos *locus* e configurações de poder (Richter, 2015).

Por fim, temos a teoria que explica o *welfare state* como uma **resposta às configurações históricas**. Os sistemas de proteção social, veiculados e disseminados pelos mais variados tipos de *welfare state*, demonstram, claramente, as variáveis específicas de cada história particular de cada país e seu enfrentamento às diferentes mazelas do processo de desigualdade social.

Com este breve aparato sobre o conceito e as teorias explicativas acerca do Estado de bem-estar social, você pôde perceber os diferentes processos constitutivos desse modelo de Estado. Pôde compreender também os interesses diversos e divergentes que engendram a construção e a consolidação desse modelo de proteção social, além das mais variadas teorias que explicam seu surgimento.

É importante que você tenha em mente que entender os diferentes modelos de *welfare state* não significa preciosismo acadêmico, mas, muito antes, configura e desvela as estratégias adotadas mundialmente no que tange à proteção social.

Nesse contexto, e na continuidade dos estudos sobre o *welfare state*, vamos abordar, a seguir, a classificação dada aos Estados de bem-estar social. Essa classificação, de modo geral, indica os diferentes olhares sobre o processo de proteção social engendrado pelo *welfare state*. Vamos compreendê-los melhor?

4.2.2 As classificações do Estado de bem-estar social

Acerca do Estado de bem-estar social e de sua construção e consolidação nos diferentes países, diferentes perspectivas se colocam e consolidam. A implantação e posterior implementação de um Estado de bem-estar social em determinada localidade corresponde aos interesses e às estratégias que corroboram a cultura política de determinados territórios, interesses culturais, sociais e econômicos de manutenção da forma originária de ser de dada sociedade.

É importante relembrar de que momento da história estamos falando: a leitura da realidade da construção de um *welfare state* alcança o período pós-Segunda Guerra Mundial, nos mais diversificados territórios nacionais. Falamos, aqui, também de um processo de transição de uma sociedade que era agrária e incorpora-se, de modo geral, em uma concepção industrial, o que altera significativamente as formas e as experiências do viver em comunidade e em sociedade.

Vamos recordar que a adoção do *welfare state* é feita por países capitalistas, com compreensões e realidades específicas. Atente que, ao adotar um Estado de bem-estar social, devemos pensar na lógica da adoção de um sistema de proteção social. Um sistema que destine proteção aos cidadãos dos países, em que pese as peculiaridades locais e o alcance de tal sistema. Os sistemas de proteção social colocados pelo Estado de bem-estar social indicam e corroboram a lógica de compreensão da proteção social: se essa proteção deve ser destinada a todos, indistinta e universalmente; se essa proteção deve ser regida pela lógica da seletividade e, ainda, se essa proteção deve ser ofertada por mecanismos como o mercado ou o aparato estatal.

Em seus estudos e vida cotidiana, você já deve ter ouvido expressões como: o Estado é "assistencialista", as pessoas que recebem benefícios do Estado são "folgadas" e, ainda, a expressão "não deve dar o peixe, mas sim ensinar a pescar". Essas expressões, por mais simples e populares que sejam, manifestam uma compreensão e visão de mundo de grande parte da população, estimulada e direcionada pelos interesses midiáticos capitalistas latentes em nossa sociedade. Interesses que desvelam a necessária lógica de instauração e manutenção de uma sociedade de consumo, a qual deve ser regulada pelo mercado, atendendo, exclusivamente, aos interesses de grandes corporações, empresas e instituições capitalistas. Por vezes, torna-se imperceptível, à grande parte da população, a crueldade na concepção de responsabilização do sujeito como responsável por seu estado de vulnerabilidade, porém, essa compreensão atende, exatamente, aos interesses do capital: o sujeito passa a ser responsável, unicamente, pela situação de pobreza, miséria e vulnerabilidade em que se encontra.

Em uma lógica completamente contrária, encontramos a explicação do sistema capitalista como responsável por toda a onda de pobreza, miséria e vulnerabilidade, tendo em vista a expropriação da classe trabalhadora de seus direitos, além da exploração própria advinda do sistema capitalista.

Sob essas diferentes égides de pensamentos e compreensão da realidade, implantam-se também diferentes modelos de *welfare state* na sociedade, a depender das características políticas, econômicas e sociais da sociedade em que se institui dado sistema. Esses modelos foram muito bem classificados por Esping-Andersen. Apresentaremos, de forma breve, as três classificações do *welfare state* trazidas por Nogueira (2001), baseada em Esping-Andersen. Tais classificações enquadram o *welfare state* como liberal, conservador e social-democrata.

A classificação que o intitula como **liberal** compreende esse modelo de proteção social como uma intervenção estatal posterior. O que seria isso? Posterior a quê? Em determinadas situações de risco, vulnerabilidade ou miséria, nas quais as instituições normais não consigam responder e encontrar estratégias de superação diante das dificuldades, o *welfare state*, então – e só então –, seria usado como mecanismo de proteção social. As instâncias usuais ou regulares que deveriam atender e responder a tais dificuldades, segundo essa concepção, seriam, inicialmente, o esforço individual, a família, as redes comunitárias solidárias e o mercado (Nogueira, 2001).

Portanto, ao considerar o sujeito como responsável direto pelas situações de adversidade vivenciadas em seu cotidiano social, a proteção social em um *welfare state* intitulado *liberal* só o alcançará depois que as instituições iniciais não conseguirem atender à demanda (como esforço individual, família, entre outros), mas tais benefícios são significativamente restritos e seletivos. Isto é, a culpabilização é dupla, e a crueldade é sem fim: no primeiro momento, o sujeito em situações de vulnerabilidade social é considerado responsável por sua pobreza e vulnerabilidade; no segundo momento, a situação de miséria e vulnerabilidade deve ser degradante, ou não será atendida pelo *welfare state* na perspectiva liberal, já que oferece proteção, mas de forma bastante seletiva.

Como reflexo disso, temos que: "Nesse tipo de atenção social ocorre, com frequência, mecanismos de culpabilização das vítimas, ou seja, os riscos sociais são atribuídos à *incompetência* ou *desleixo* das pessoas e não decorrência de processos derivados das formas de redistribuição de renda e riqueza" (Nogueira, 2001, p. 97, grifo do original).

Com relação ao modelo de *welfare state* considerado **conservador**, o grande significado desse modelo encontra respaldo na proteção social baseada no mérito do cidadão. Nesse sentido, a proteção em nenhum momento seria universal e destinada a todos os cidadãos e cidadãs, mas estaria diretamente vinculada à capacidade produtiva de cada um ou, para que não reste dúvidas, à *performance* individual de cada um (Nogueira, 2001). Logo, a proteção social permanece destinada e é destinada apenas àqueles que contribuem com o processo produtivo de interesse do capital e – por que não afirmar – de interesse da exploração da classe trabalhadora. Como alerta a autora: "A ênfase na diferença de categorias profissionais teria, como objetivo político, consolidar divisões no interior da classe trabalhadora. Dessa forma, seu desenho dificulta, quando não impede, a organização em torno de interesses comuns e coletivos, de vontades universais" (Nogueira, 2001, p. 98).

Com relação ao último modelo na classificação apresentada por Esping-Andersen citado por Nogueira (2001), temos o que é chamado de *welfare state* **social-democrata**. Pelo próprio nome, é possível perceber que a inserção e a inclusão dos cidadãos no nível de proteção social, nesse modelo, tornam-se mais inclusivas. A compreensão, aqui, é a de que o bem-estar constitui-se como tarefa de abrangência e responsabilidade estatais, adotando a tendência de um bem-estar que se queira estrutural nas sociedades contemporâneas (Draibe, 1990, citado por Nogueira, 2001, p. 98).

O bem-estar dentro do viés estrutural, certamente, indica um caminho e uma abrangência muito maiores e mais complexos, quando pensamos no modelo social-democrata de *welfare state*. O Estado seria responsável por proporcionar o referido bem-estar aos seus cidadãos e, para tanto, haveria algumas áreas distintas incluídas no processo de proteção, como educação, saúde, habitação, entre outras. Sob esse olhar, os serviços e os benefícios presentes nesse modelo de *welfare state* buscam resguardar um patamar de igualdade para todos, nos dizeres de Nogueira

(2001). Nesse olhar, a atuação estatal é *ex ante*, como denominado por Nogueira (2001), já que no modelo liberal é *ex post*. A diferença entre os dois modelos de Estado de bem-estar social é considerável, pois, no **modelo *ex ante***, está a se pensar e buscar construir um Estado que proporcione igualdade de condições aos cidadãos, como forma de manutenção de uma qualidade de vida a todos. Nesse caso, depreende-se um modelo de *welfare state* comprometido com um bem-estar social estrutural. Já no **modelo *ex post***, o Estado de bem-estar social atuaria somente de forma secundária ou residual, destinado apenas a um público específico, que atenda a critérios e condicionalidades, mas priorizando o atendimento das necessidades pelas instituições e instâncias primárias, esforço pessoal, família, entre outros, como já mencionados anteriormente.

No *welfare state*, entende-se o fracasso do mercado como instituição reguladora e coordenadora do bem-estar social, devendo essa função ser delegada ao aparato estatal. A instituição do *welfare state* nas diferentes economias e nos diversos países representou um significativo incremento nas políticas sociais. A necessidade do *welfare state*, em que pese todas as teorias explicativas e classificações anteriormente mencionadas, representou, em nossa compreensão, um esforço importante no sentido de "reconstrução econômica, moral e política do mundo industrial desenvolvido e um anteparo à possível ampliação de propostas comunistas" (Nogueira, 2001, p. 99). Dessa forma, independentemente do modelo ou da tipologia explicativa do *welfare state*, trata-se, em grande feita, de estratégia adotada pelo grande capital, com vistas à manutenção da exploração pelo sistema capitalista, mesmo que, para isso, acabe por acatar algumas demandas da classe trabalhadora.

Síntese

Neste capítulo, abordamos os tipos de Estado denominados *Estado liberal* e o *Estado de bem-estar social*, ou *welfare state*. Começamos pelo esclarecimento do que se trata o Estado liberal, tendo em vista sua justificativa e suas necessidades históricas. Apresentamos os processos históricos, bem como os autores que defendem a tese de um Estado liberal como forma de garantia dos interesses dos sujeitos de uma sociedade.

Depois, evidenciamos as características atinentes a um Estado liberal, que o identificam associando-o com a regulação das atividades econômicas e sociais pelo próprio mercado, deixando para o Estado a função regulatória de órgão controlador de princípios como a liberdade.

Na sequência, analisamos a desconstrução do ideal de um Estado liberal, tendo em vista seus princípios e os processos desiguais gerados por suas características, o que deu origem ao Estado de bem-estar social, ou *welfare state*, principalmente, no período pós-Segunda Guerra Mundial. Porém, para entendê-lo, trouxemos conceituações e teorias explicativas das mais diferenciadas, que indicam os caminhos que se perfazem para a aceitação e consolidação de um *welfare state*.

Por fim, apresentamos a classificação dos modelos de proteção social oferecidas pelos distintos *welfare state*, os quais, para além da compreensão de seu nascedouro e surgimento na sociedade contemporânea, são adotados em diferentes países e realidades mundiais. A classificação do *welfare state* nos ajuda a entender em que medida a proteção social tem sido compreendida e prestada à população: se é ofertada apenas em casos extremos (liberal); se é prestada pautada em valores de mérito e merecimento (meritocracia); ou, se é prestada e destinada à população de forma estrutural, *ex ante* (social-democrata).

Para saber mais

BEHRING, E. R. Política social no contexto da crise capitalista. In: CFESS – Conselho Federal de Serviço Social (Org.). **Serviço social**: direitos sociais e competências profissionais. Brasília, 2009.

Para aprofundar seus conhecimentos sobre o tema, indicamos a leitura de Política social no contexto da crise capitalista, *que faz parte de uma coletânea de textos relacionados ao serviço social. A autora faz uma aproximação do debate da política social no contexto da crise capitalista e, pontualmente, aborda questões relativas à experiência brasileira, mas, de modo geral, trata de forma mais genérica a política social (e sua condição) no capitalismo.*

Questões para revisão

1. O surgimento do liberalismo e do Estado liberal acontece em determinado período histórico e com uma intencionalidade específica. Sobre esse tema, analise as afirmações a seguir:
    I) O liberalismo defendia um Estado interventor, forte e regulador da economia.
    II) As intervenções e as atuações comerciais deveriam, obrigatoriamente, ser reguladas pelo Estado.
    III) Na corrente ideológica do Estado liberal, o mercado seria autorregulado e livre das interferências estatais.

    Está correto o que se afirma em:
    a) II e III apenas.
    b) I e III apenas.
    c) I e II apenas.
    d) I apenas.
    e) III apenas.

2. Na perspectiva ideológica liberal, algumas características lhe são peculiares. Sobre o tema, assinale a alternativa correta:
   a) O Estado deveria ser um grande interventor da economia nacional.
   b) Para o liberalismo, as políticas sociais deveriam ser universais.
   c) Para o liberalismo, a propriedade era sinônimo de trabalho e deveria ser um bem comum à coletividade.
   d) Os pobres, na visão liberal, eram vistos como preguiçosos, pois entendiam a miséria como um processo natural e particular.
   e) No liberalismo, a pobreza era entendida como resultado do acesso desigual à riqueza socialmente produzida.

3. Assinale a alternativa que apresenta a denominação do modelo de Estado de bem-estar social, *welfare state*, que compreende que a proteção social somente seria utilizada em situações *ex post*, ou seja, quando as instâncias usuais não dariam conta da demanda:
   a) Liberal.
   b) *Welfare state* do tipo social-democrata.
   c) *Welfare state* do tipo conservador.
   d) *Welfare state* do tipo liberal.
   e) Nenhuma das alternativas.

4. Identifique as características que são peculiares a um Estado denominado *social*.

5. O surgimento do *welfare state*, geralmente, atende à necessidade da própria regulação do mercado e da realidade das sociedades no período pós-guerra. Nessa realidade, diversas teorias explicativas dão conta de refletir sobre o surgimento do *welfare state*. Explique a teoria relativa ao *welfare state* como acordo entre capital e trabalho organizado.

Questão para reflexão

1. No Brasil, o programa Bolsa Família (Lei n. 10.836/2004) é alvo de constantes críticas e polêmicas pela sociedade brasileira. Muito se fala em práticas assistencialistas e que o benefício disponibilizado às famílias contempladas estimula práticas do não trabalho e da preguiça. Faça uma leitura da lei que institui o programa, bem como dos critérios e condicionalidades necessários, e responda:
    a) Conforme os critérios de renda estabelecidos para acesso ao Bolsa Família, pode-se dizer que se trata de uma política de *welfare state*?
    b) Os cidadãos brasileiros que têm acesso ao benefício podem ser considerados "preguiçosos", como quer a teoria liberal? Por quê?

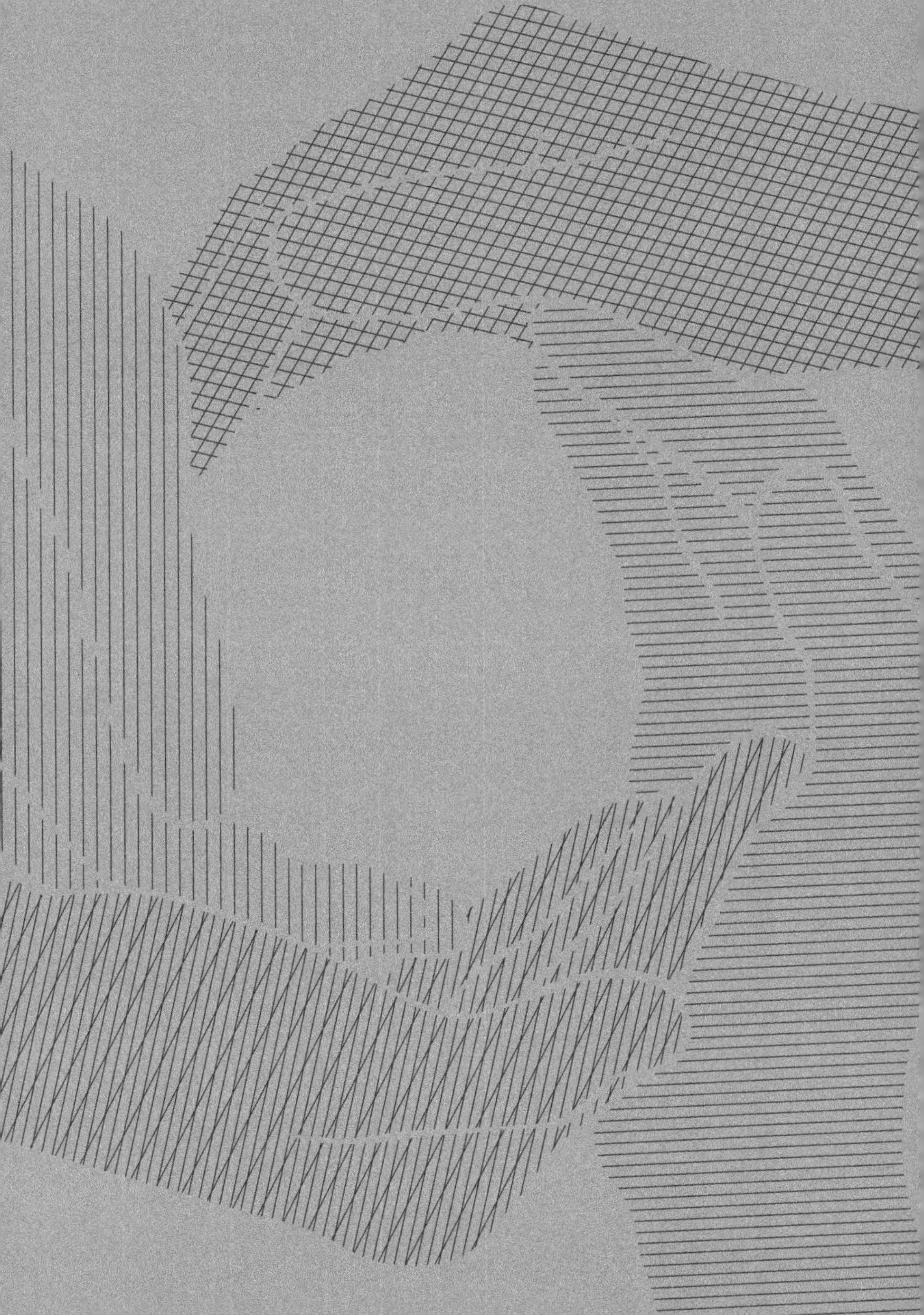

Raquel Barcelos de Araújo

capítulo 5

Caracterização do processo histórico de formação do Estado no Brasil: aspectos históricos, econômicos, políticos e sociais

Conteúdos do capítulo:
- Formação do Estado no Brasil.
- Modelos do Estado no Brasil.

Após o estudo deste capítulo, você será capaz de:
1. contextualizar o processo de formação do Estado brasileiro;
2. entender a transição do Estado colonial para o imperial;
3. compreender o processo de consolidação do Brasil como nação e as características desse Estado.

Trataremos, neste capítulo, da caracterização do processo de formação do Estado brasileiro com base em um olhar histórico, buscando entender as origens do Brasil, considerando aspectos políticos, sociais e econômicos, por meio de um panorama que abrange desde o Brasil colônia até os nossos dias.

5.1 Formação do Estado no Brasil

Ao vasculharmos a historiografia e os registros do processo de formação do Estado brasileiro, percebemos que seu nascimento ocorreu a partir da associação da Coroa Portuguesa com a Igreja Católica, representada pelos jesuítas. Depois de mais de 519 anos do lançamento de seus fundamentos, o Estado brasileiro foi atuando a partir de diversos formatos e assumindo gradativamente o processo de nacionalização.

Segundo Dallari (2000), podemos considerar que, desde o descobrimento, em 1500, até o ano de 1548, o Brasil foi considerado uma simples reserva patrimonial, pois não havia grandes expectativas exploratórias. Assim, o governo português entregou a particulares a tarefa de promover a ocupação e a exploração do território. Cabe lembrar que diversos particulares premiados nem sequer procuraram tomar posse das terras brasileiras que haviam recebido em doação. Depois de um tempo considerável e do conhecimento da possibilidade de extrair riquezas do solo e do subsolo brasileiros, voltaram a ser feitas novas doações.

Alguns autores consideram que Portugal tinha grandes expectativas de tirar vantagens desses donatários que se dispuseram a contribuir para a fazenda pública, passando esta a exercer controle sobre as atividades econômicas desenvolvidas no Brasil. Esse fato, apesar de ter havido fracasso quase total do sistema de capitanias hereditárias, justificaria a volta das doações posteriormente.

Dallari (2000) ressalta que, até as primeiras décadas do século XVII, a estrutura jurídico-administrativa do Brasil sofreu diversas mudanças, ensejando dificuldades para tratar o Brasil como uma unidade. Em 1548, D. João III instaurou o Governo-Geral do Brasil, o que, no entanto, esteve bem longe de significar a real presença do Governador-Geral e de seus auxiliares diretos em todos os lugares do território brasileiro.

Devemos considerar que a grande extensão do território e as dificuldades de comunicações dificultavam administração da nova colônia, além do fato de, no ano de 1572, o Brasil ter passado a contar com duas sedes administrativas, uma na Bahia e outra no Rio de Janeiro. No entanto, historiadores como Caio Padro Junior e Florestan Fernandes, entre outros, consideram que essa estratégia não deu bons resultados, uma vez que, no ano de 1577, ocorreu a reunificação da administração brasileira.

Posteriormente, em 1607, houve novo desdobramento, com a criação da jurisdição do sul, o que perdurou até 1616, quando aconteceu nova unificação. Entretanto, em 1621, foi introduzida nova estratégia, com a qual se estabeleceu um Governo Geral para todo o Brasil, com exceção do então chamado Estado do Maranhão, que manteve relativa autonomia até a instituição do vice-reinado do Brasil.

Dallari (2000) defende que é importante levar em conta que essas constantes modificações na formação de um Governo único já espelhava a existência de uma distinção natural, que iria promover o desenvolvimento da acentuada diferenciação cultural, exigindo soluções diferentes de lugar para lugar. Desse modo, os líderes federalistas, no século XIX, afirmavam que a própria natureza já se havia encarregado de criar no Brasil todas as condições que impunham a implantação de um Estado Federal.

Podemos compreender, de forma genérica, que, durante o século XVIII, o Brasil teve dois "polos de desenvolvimento", quase independentes entre si e, ainda, pouco dependentes de Portugal, de onde praticamente nada recebiam. Nas regiões Norte e Nordeste, fortaleceram-se vários núcleos econômicos que serviriam de base a lideranças políticas, tendo a posse da terra como alicerce da autoridade, o que ainda persiste até os dias de hoje.

Ainda de acordo com Dallari (2000), na região Centro-Sul, a grande quantidade de ouro e diamantes chamou muito mais a atenção de Portugal, além de promover o desenvolvimento de núcleos culturais totalmente diferentes, trazendo aventureiros, criando condições para uma vida social intensa e oportunizando a formação de centros urbanos muito ricos, que rivalizavam entre si na ostentação da riqueza. Apesar de, nessa região, ter sido muito mais acentuada a presença de autoridades portuguesas, sobretudo pelos vice-reis e pelo aparato fazendário, essa presença não impossibilitou a formação de lideranças políticas locais, já que às autoridades portuguesas só interessava receber o máximo possível e impedir manifestações de insubordinação.

Desse modo, Prado Junior (1972) considera que a ocupação do interior foi feita a partir das culturas agrícolas (calcadas em monocultura) e da pecuária, elementos fundamentais para a integração do território. O "povoamento" do Brasil não se prende somente à formação territorial e populacional, mas também diz respeito a questões como características da população, de acordo com o desenvolvimento de cada ciclo econômico; relações comerciais com o exterior; questões de etnias e raças em um emaranhado de controvérsias, limitações, contraposições; entre outros componentes que apontam para as singularidades da nação que emergiu, colocando os gentis e os negros como alicerces dos objetivos colonialistas.

Devemos considerar, conforme Prado Junior (1972, p. 56), a relação entre a miscigenação, "a predisposição do português em cruzar com raças exóticas" e a formação de nossa nacionalidade. Entendemos que a miscigenação etnológica conectada à diversidade geográfica do país são elementos constitutivos na construção da identidade nacional brasileira, pois, segundo Ortiz (1994b, p. 16), "Na realidade, meio e raça se constituíam em categorias do conhecimento que definiam o quadro interpretativo da realidade brasileira".

Em *Casa grande e senzala*, Gilberto Freyre (2004) desmonta e contesta as teorias raciais europeias que, concebiam a mestiçagem como degeneração. Freyre (2004) cria o paradigma da cultura mestiça que oportuniza pensar positivamente o lugar do mestiço na identidade nacional. O autor altera a negatividade do mestiço em positividade, permitindo consolidar definitivamente os contornos de uma identidade que há muito vinha sendo desenhada. Evidencia, portanto, o hibridismo e a ambiguidade do sincretismo racial como características de uma identidade nacional brasileira.

> Todo brasileiro, mesmo o alvo, de cabelo louro, traz na alma, quando não na alma e no corpo [...] a sombra, ou pelo menos a pinta, do indígena e do negro. Entretanto, o povo brasileiro ainda traz consigo juízos em relação à sua mestiçagem, como mazelas de uma inferioridade racial diante das raças puras, civilizadas e desenvolvidas. (Freyre, 2004, p. 191)

Vemos, portanto, uma concepção etnocêntrica, em que o modelo sociocultural europeu ou estadunidense é o ideal. De acordo com Darcy Ribeiro (1995), não há um Brasil, mas "os brasis. Onde temos o Brasil crioulo, caboclo, sertanejo, caipira e os 'brasis sulinos', gaúchos, matutos e gringos". Afirma Darcy Ribeiro que houve, ao longo desse processo de formação do povo brasileiro, a perda de identidade do branco, do negro e do índio (no processo de miscigenação) fazendo surgir "o brasileiro"! Povo "misturado". Defende o autor que o grande desafio é o povo brasileiro reconhecer-se nessa heterogeneidade, assumindo-a como representativa de sua realidade sociocultural, nem inferior, nem superior às demais, apenas diferente (Ribeiro, 1995).

Ainda pensando no processo de formação da sociedade brasileira, devemos considerar a questão econômica. Prado Junior (1972) considera que o mercado externo criou vínculos de submissão com as massas produtivas e o mercado interno, o que, no período colonial, não era interessante para o governo brasileiro. As principais atividades giravam em torno da grande lavoura, da agricultura de subsistência, da mineração, da pecuária, das produções extrativas, das artes, do comércio e das vias de comunicação e transporte. Fica latente a dependência e a destinação da produção para o fortalecimento do comércio europeu, em uma relação de subordinação.

Como exemplo, Ribeiro (1995) cita a agricultura, que, por intermédio de grandes propriedades monocultoras, em detrimento dos camponeses, dos pequenos produtores e mesmo da exploração escravagista em períodos específicos, mantinha e fortalecia o mercado e a ciranda financeira da época. Salientava-se, então, o objetivo da colonização, onde os artífices não eram povoadores ou trabalhadores, mas exploradores. Destaca o autor que a *grande lavoura* era "o nervo econômico da civilização" e que, de forma sucessiva, foi se desenvolvendo – passando do ciclo do pau-brasil para o cultivo de cana de açúcar e, posteriormente, café, cacau, tabaco, entre outros (Ribeiro, 1995).

Desse modo, entendemos que todos esses fatores foram determinantes para a ocupação do território brasileiro. Prado Junior (1972, p. 70) sintetiza o panorama da sociedade colonial: "incoerência e instabilidade no povoamento, pobreza e miséria na economia; dissolução nos costumes; inépcia e corrupção nos dirigentes leigos e eclesiásticos". Passemos, então, às reflexões referentes aos elementos constituintes do nascimento do Estado brasileiro.

5.2 O despontar do Estado brasileiro

Promovida a Vice-Reino, a colônia do Brasil, sob o impacto da descoberta do ouro e dos diamantes nas Minas Gerais, trocou sua capital de Salvador para o Rio de Janeiro, em 1763. Condição que seria revista somente com a chegada da família real portuguesa em 1808. Entretanto, em 1807, Portugal foi pressionado a aderir ao bloqueio continental contra a Inglaterra e, diante de sua recusa, o exército de Napoleão Bonaparte invadiu o Reino português. O Regente D. João, que governava em nome de sua mãe, a Rainha D. Maria, decidiu, depois de longas dúvidas entre a adesão ao sistema napoleônico e a fidelidade à sua aliada tradicional, a Inglaterra, emigrar para sua colônia americana.

Segundo Prado Junior (2006), "diante do invasor, o Rei transporta-se com sua corte, grande parte do funcionalismo e uma comitiva imensa, (um total de cerca de 10.000 pessoas) para o Rio de Janeiro, que se transforma assim, em sede da monarquia portuguesa". Considera o autor que esse acontecimento foi o anúncio da independência do Brasil, trazendo repercussões de ordem política e social que ocasionaram a transferência da corte portuguesa para o Rio de Janeiro. Deixou, assim, o Reino europeu ocupado pelos franceses e, estabelecendo-se na colônia, o soberano romperia efetivamente todos os laços que ligavam o Brasil à sua metrópole (Prado Junior 1972).

Entendemos, assim, que processo de instituição do Estado brasileiro teve início com a mudança da corte portuguesa para o Brasil, em 1808. A referida corte veio buscar no Brasil a segurança que Portugal não podia mais lhe dar. Para Dallari (2000), a simples presença da corte no Rio de Janeiro já era um fator que trazia prestígio, proporcionando que a autoridade central participasse efetivamente da solução dos problemas brasileiros. Entretanto, não havendo a perspectiva de um retorno imediato a Portugal, tornou-se necessário preparar a Colônia para ser a sede do governo e o local onde pudessem ser dirigidos todos os negócios do Reino. O autor destaca a criação de um paradoxo: a sede do Reino encontrava-se alocada em território colonial de onde partiam as ordens para o povo que vivia no território metropolitano (Dallari, 2000).

Alguns autores consideram que a soma desses fatores, aliada à atitude dos representantes portugueses, que desejavam a valorização do Brasil, levou à emancipação jurídica almejada por muitos brasileiros e que foi um grande passo no sentido da emancipação política. Percebemos, portanto, que essa conjugação de fatores contribuiu para o fim de nossa história colonial, fazendo nascer a nacionalidade brasileira. Desse modo, em 16 de dezembro de 1815, o Brasil deixou, de modo formal e oficial, de ser colônia portuguesa, entrando na categoria de Reino, unindo-se aos de Portugal e do Algarve.

Segundo Dallari (2000, p. 5), embora continuasse governado por um rei português, foi nessa ocasião que nasceu o Estado brasileiro, e

Portugal passava "a figurar entre as grandes potências, uma vez que se tornou um grande Reino – grande parte pela União de Reinos". Entretanto, objetivamente, com essa ação, criou condições para a separação política do Brasil. Em contrapartida, Portugal também recebia as ideias liberais, oriundas principalmente da França, surgindo um poderoso movimento antiabsolutista. E as principais aspirações dos liberais portugueses que determinaram a eclosão da Revolução Liberal de 1820 foram: "o juramento de uma Constituição pelo monarca e a restauração da hegemonia de Portugal, inclusive com o declarado objetivo de retorno do Brasil à condição de colônia" (Dallari, 2000, p. 5). Dessa forma, compreendemos que todos esses fatores foram contribuintes para a consolidação do Estado brasileiro, somados à ida de D. João VI para Portugal, deixando no Brasil, como Regente, o Príncipe D. Pedro. O Regente, por sua vez, diante da pressão dos brasileiros e descontente com os procedimentos e com a hostilidade dos portugueses, no dia 7 de setembro de 1822, cortou as amarras jurídicas e políticas que ligavam o Brasil a Portugal, desfazendo a União entre os reinos e afirmando o Brasil como Estado soberano e independente. Viria em seguida, de modo conturbado, o ingresso do Brasil na vida constitucional.

Em 13 de novembro de 1823, o Imperador criou um Conselho de Estado, que tinha como tarefa criar um projeto de Constituição. Depois de pronto o projeto, mesmo não havendo uma Assembleia Constituinte, o Imperador desejou ouvir o povo. Assim, o projeto foi submetido à apreciação das Câmaras Municipais. Estas, talvez por estarem realmente de acordo com seu conteúdo ou por temerem as iras do Imperador, manifestaram-se totalmente favoráveis ao projeto, pedindo que ele fosse convertido em Constituição e, ainda, que houvesse a proclamação da República no Brasil. Feito isso, D. Pedro I outorgou ao Brasil sua primeira Constituição, em 25 de março de 1824.

Entretanto, alguns historiadores consideram que o Brasil iniciou de maneira dúbia sua vida constitucional, uma vez que a constituição foi promulgada tanto mediante a dissolução da Assembleia Geral Constituinte quanto pela outorga do Imperador, assim, dando ao documento a característica de Carta Outorgada, no sentido de ser uma diretriz fundamental imposta pela vontade do detentor do poder. Porém, ao mesmo tempo, as manifestações das Câmaras Municipais em favor do projeto representaram a concordância prévia do povo, por meio de seus representantes, mesmo que se diga que as Câmaras não tinham poder constituinte.

Conforme Schilling (2019), foi pela Constituição outorgada de 1824 que D. Pedro I ocupou-se em obter legitimidade, apesar da oposição feita tanto pelos oficiais lusitanos (general Madeira) quanto pelos líderes populares do Nordeste (Frei Caneca). Destarte, a Carta estabeleceu, além dos poderes tradicionais – Executivo, Legislativo e Judiciário –, a implementação de um poder moderador que se configurava em uma sobreposição da autoridade do Imperador.

Salienta o autor que "os objetivos gerais do Estado Imperial, que se estendeu até 1889, podem ser definidos por: a) consolidar a autoridade imperial sobre todo o território brasileiro; b) promover a manutenção do regime escravista; c) preservar a paz interna e o reconhecimento internacional" (Schilling, 2019, p. 15).

Vemos, então, os fundamentos do Estado patrimonialista, herança do colonialismo lusitano, que, conforme observou Faoro (1975), fincariam suas raízes de forma mais profunda nessa época, uma vez em que as fortunas privadas eram acumuladas graças aos privilégios concedidos a nobreza nativa criada por D. Pedro I e reafirmada por D. Pedro II. Faoro (1975, p. 4) afirma:

> Ideologicamente o Império Brasileiro (que continuou sendo um estado português no ultramar) gradativamente distanciou-se dos primados absolutistas dos seus primeiros anos [...] para uma posição similar ao do regime monárquico britânico, onde havia a convivência do soberano com um parlamento bipartidário. Todavia, esse fato não denotou o afrouxamento do controle central sobre o provincial.

Devemos considerar alguns acontecimentos importantes ocorridos nesse período, tais como: Revolução Farroupilha, Cabanagem, Sabinada, entre outras manifestações contrárias ao regime estabelecido. Desse modo, os movimentos de resistência deflagrados em diversas províncias do reino fizeram com que a autoridade voltasse a ser concentrada nas mãos do Imperador, sem provocar, entretanto, abalos na tirana imperial. Contraditoriamente, Schilling (2019) esclarece que foi a vitória na Guerra do Paraguai (1864-1870) que terminou por enfraquecer o império, demandando a ampliação do poder do exército imperial para derrotar Solano Lopes, fato que armou o braço que acabou por derrubar D. Pedro II em 15 de novembro de 1889, na crise decorrente da abolição da escravatura determinada pela Lei Áurea, de 13 de maio de 1888.

5.3 Estado oligárquico-republicano

Segundo Prado Junior (2006), foi a partir da segunda metade do século XIX que se configurou o momento de maior transformação econômica na história brasileira. O autor destaca que esse prolongamento da fase anterior resultou da emancipação do país da tutela política e econômica da metrópole portuguesa. No entanto, a primeira metade do século é de transição, fase de ajustes diante da nova situação criada pela independência e autonomia nacional. A crise econômica, financeira, política e social que se instala no Brasil desde o momento da transferência da corte portuguesa em 1808, e, sobretudo da emancipação política de 1822, perdura até meados do século. Dessa forma, produzindo todos os frutos que modificariam profundamente as condições do país, expandem-se largamente as forças produtivas brasileiras, dilatando-se seu horizonte e remodelando a vida material do Brasil.

Com a Proclamação da República em 15 de novembro de 1889 e, em seguida, com a aprovação da Constituição de 1891, foi estabelecido um novo regime político no Brasil, cuja inspiração foi o presidencialismo federativo norte-americano. De acordo com esse modelo de Estado, o governo principal seria exercido pelos presidentes, que gozaram da mais completa autonomia possível, tendo, inclusive, poder para desenvolver uma política externa independente dos outros países. E os estados menores assumiriam a condição de entes federados, com um governo local e autonomia para gerenciar seu território.

Entretanto, Schilling (2019) chama nossa atenção para o fato de que, no Brasil, esse modelo promoveu o encolhimento da autoridade da União, resultante do federalismo extremado então adotado, uma vez que reforçou os poderes locais que estavam sobre o domínio dos chamados *coronéis* (antigos integrantes da Guarda Nacional), que passaram a serem os verdadeiros donos dos destinos políticos dos respectivos estados, comandando e manipulando as eleições e, consequentemente, a composição das bancadas estaduais e federais. Formava-se, então, uma república com características particulares, ou seja, uma versão brasileira do caciquismo imperante na América Hispânica.

Assim, o poder central, em curto prazo, caiu nas mãos dos dois estados mais ricos e populosos do Brasil republicano, que passaram a exercer o controle sobre toda a nação: São Paulo e Minas Gerais, que eram regiões com maior produção de café e com um grande número de indústrias (Schilling, 2019). A antiga burocracia imperial deu lugar às burocracias estaduais, sem que estas tivessem, no entanto, a autoridade e o prestígio dos servidores da corte. Assim, se o modelo aplicado no Império inspirava-se no sistema britânico de governo de gabinete com dois partidos, o liberal e o conservador, revezando-se no poder, o regime republicano buscava seguir as pegadas da democracia liberal americana, sem, entretanto, limitar-lhe em seu bipartidarismo.

5.4 Estado desenvolvimentista

Retomando a história, percebemos que o grande marco para a composição do chamado *Estado desenvolvimentista* foi a grande crise de 1929, também conhecida como *Grande Depressão*, que atingiu a realidade brasileira debilitando o poder da política "café com leite", hegemônica durante a República Velha (1889-1930).

Esse contexto de crise mundial desafiou os governos de diversas nações a adotar medidas que foram de encontro ao dogma liberal do não intervencionismo estatal apregoado até aquele momento. Desde então, os destinos do Brasil foram traçados pela ascensão do estado desenvolvimentista, que objetivava fazer a transição de uma economia eminentemente agrário-exportadora para uma econômica baseada na produção industrial. Para Schilling (2019), esse contexto nos remete aos princípios de concepção hegeliana de que o Estado é a grande alavanca do progresso econômico e social de um país. No caso brasileiro, pudemos considerar que, sem essa ação desenvolvimentista promovida pelo Estado brasileiro, dificilmente, a referida transição aconteceria naquele momento.

Outro fator que contribuiu para a mudança do paradigma estatal foi a adoção das políticas keynesianas aplicadas em diversas partes do mundo a partir de 1930. Para tanto, foi necessária a criação de uma burocracia, ou melhor, de uma tecnocracia formada por profissionais, civis e militares que atuassem como principais agentes da transformação econômica do país.

Nesse período, podemos identificar, segundo Schilling (2019, p. 3), três grandes correntes desenvolvimentistas:

> a) a executada pela via autoritária populista (da implantação da infraestrutura estratégica nos setores do aço, da energia e do petróleo); b) a adotada pelo desenvolvimentismo democrático, voltado para a substituição das importações; e a c) implantada pelo autoritarismo militar, síntese de ambas.

Já Ianni (1973) entende que duas estratégias foram aplicadas: a política econômica nacionalista e a política econômica liberal. O autor esclarece que, durante os governos militares fundamentaram-se os denominados *anéis burocráticos*, ou seja, mecanismos informais que oferecem privilégios a determinados grupos econômicos privados e acesso às decisões e aos recursos estatais, configurando-se uma atualização das antigas práticas patrimonialistas, apontadas por Faoro (1975) como características do Estado estamental brasileiro.

Devemos considerar algumas mudanças fundamentais que aconteceram na esfera estamental brasileira, uma vez que o Estado passou a dotar uma postura reguladora, intervencionista e estratégica para a consolidação do sistema capitalista e da ordem burguesa, por meio do estabelecimento de um ordenamento jurídico garantidor de direitos sociais e trabalhistas. Essas mudanças ocorreram na chamada *Era Vargas*, que, de acordo com Souza (2005), mantinha uma política centrada na prerrogativa de organizar as relações entre capital e trabalho. Assim, seu primeiro ato foi a criação, em 1930, do Ministério do Trabalho, que buscava harmonizar as relações entre empregadores e empregados, suprimindo a ideia de luta de classe pela de conciliação.

Nos governos de Getúlio Vargas, foi implementado um sistema corporativo, por meio da legislação de sindicalização, a fim de dar respostas às pautas colocadas pelos trabalhadores do polo urbano industrial e pela nova ordem produtiva. Em 1943, foi publicada a Consolidação das Leis Trabalhistas (CLT), que reuniu toda a legislação social e instituiu a carteira de trabalho e um setor de segurança e medicina do trabalho. Em 1937, é instaurado o Conselho de Economia Nacional, estabelecido pela Constituição de 1937, que concedeu ao Estado novas atribuições econômicas. Em 1942, criou-se Coordenação da Mobilização Econômica, órgão do Estado que planejava o funcionamento e a expansão das atividades econômicas.

No governo do General Dutra (1946-1950), segundo Ianni (1973), os interesses econômicos e políticos de grupos conservadores brasileiros e interesses estrangeiros não se conformavam ao arcabouço estatal de tipo intervencionista. Ianni (1973) destaca também que o governo adotou uma orientação liberal desorganizada, cuja consequência foi um poder público com funções econômicas reduzidas e com atribuições, quanto ao desenvolvimento, fragilizadas diante da intensa penetração de capital estrangeiro.

O novo governo Vargas (1951-1954) voltou a adotar sua política anterior, articulando a tecnoestrutura que havia sido desmantelada, a partir da criação de órgãos de caráter técnico-científico, com destaque para a Petrobras, que exigiu toda uma engenharia e alianças (empresários nacionais e estrangeiros, militares, políticos, técnicos, administradores e economistas) para compor uma equipe de assessoria econômica do Poder Executivo.

Ao analisarmos o período governamental de Juscelino Kubitschek (1956-1960), verificamos que as relações entre o Estado e a economia foram aprofundadas. Afirma Ianni (1973) que, nesse período, o planejamento já era uma prática incorporada pelo Poder Público, e a atuação do Estado buscava garantir a expansão do capital estrangeiro, e fortalecendo, consequentemente, os laços de dependência em relação aos países hegemônicos do sistema capitalista – em especial, os Estados Unidos.

Já o governo João Goulart (1961-1964) enfrentava, além dos problemas econômicos, uma crise política explicitada diante da radicalização das posições dos partidos de esquerda e de direita. Por ocasião da falta de apoio das classes conservadoras do Congresso, o Governo apelou para as massas populares como uma força de pressão, o que levou o conflito Executivo-Legislativo ao seu ponto mais alto. O ano de 1964 foi marcado pela adoção de estratégias para superação dessa contradição e pelo fortalecimento das prerrogativas do Executivo, com o estabelecimento de 20 anos de ditadura militar.

As ações dos governos militares tinham como base regulatória os atos institucionais, principalmente, o terrível Ato Institucional n. 5. Esses mecanismos de coerção e de controle dos conflitos políticos e sociais viabilizaram a execução de uma política planificada adotada pelo governo Castelo Branco e seus sucessores. A direção política assumida ofereceu às empresas privadas nacionais e, principalmente, multinacionais, condições favoráveis de crescimento e expansão.

Dito isso, você poderá perceber que a forma pela qual o Estado brasileiro interveio na economia no decorrer dos anos de 1930 a 1970 revela que as políticas econômicas implementadas trouxeram conotações nacionalistas e internacionalistas, fato que, para Ianni (1973), tinha por finalidade a concretização de um capitalismo nacional emancipado ou a superação da situação de subdesenvolvimento por meio da associação com o capital internacional.

No final dos anos de 1970, iniciou-se o processo de reabertura política e, em 1974, o General Geisel foi incumbido de realizar o processo de transição gradual. No entanto, foi o General João Batista Figueiredo quem consolidou o processo, com a autorização da criação de novos partidos políticos e da anistia aos presos políticos. Posteriormente, houve o processo de redemocratização e o grande movimento em favor das eleições diretas para a presidência da República. Tancredo Neves foi eleito por meio de eleições indiretas, mas, por questões de saúde, ele não chegou a assumir a presidência. Desse modo, seu vice, José Sarney, assumiu a presidência em uma situação favorável, que, para Schilling (2019), facilitou a aprovação das seguintes medidas: eleições diretas para presidente, voto dos analfabetos, livre organização dos partidos políticos, legalização dos partidos comunistas, promessa de quitar a dívida externa, criação de nova moeda, congelamento de preços, entre outros.

Finalmente, em 1989, por meio de eleições diretas, Fernando Collor de Melo assumiu a presidência, com apoio da burguesia e da mídia, que o transformaram em "salvador da pátria". No entanto, em 1992, Collor de Melo veio a sofrer um processo de *impeachment* e foi deposto. Apesar disso, amplia-se a participação das camadas populares na vida política do país. Na sequência, sucederam-se os governos de Itamar Franco e de Fernando Henrique Cardoso, este último tendo sido presidente por dois mandatos consecutivos (de 1995 a 1998 e de 1999 a 2002). As principais ações desse perído foram a consolidação do Plano Real, iniciado no governo de seu antecessor, o presidente Itamar Franco; uma intensa reforma do Estado brasileiro, com a privatização de empresas estatais e a criação das agências regulatórias; além da implementação de uma série de mudanças na legislação que rege o funcionalismo público do país.

Os presidentes subsequentes foram Luiz Inácio Lula da Silva e Dilma Rousseff, que obtiveram grande apoio popular em razão da proposta de incorporar as demandas das classes populares e trabalhadora à agenda governamental por meio da implementação de uma série de políticas e programas sociais.

Diante desse contexto, podemos refletir sobre as principais características do Estado brasileiro, em especial sua tendência ao favorecimento dos interesses da burguesia nacional aliada ao capital internacional em detrimento das demandas colocadas pela classe trabalhadora e pelas classes populares. Essa estrutura de poder tem como base os interesses econômicos, os quais fundamento as decisões estatais.

Síntese

Neste capítulo, destacamos que o processo de formação do Estado brasileiro passou pelos seguintes períodos: colonial luso-jesuítico; colonial; imperial brasileiro; oligárquico-republicano e desenvolvimentista. Foi permeado por uma série de elementos que possibilitaram uma formação com base em uma tendência à heteronímia, cujas regras para a gestão desse Estado são ditadas pelo outro, o estrangeiro. Com isso, foi possível perceber o processo de consolidação do Brasil como nação e as características da formação desse Estado.

Diante disso, assumiu-se uma agenda política para satisfazer aos interesses do capital internacional, que, aliados à burguesia e ao Estado brasileiro, expropriaram as riquezas materiais e humanas da nação brasileira.

Para saber mais

Pesquise sobre a obra de Laurentino Gomes, em especial, sua trilogia:

GOMES, L. **1808**: como uma rainha louca, um príncipe medroso e uma corte corrupta enganaram Napoleão e mudaram a história de Portugal e do Brasil. São Paulo: Planeta, 2007.

No livro, o escritor faz uma síntese histórica da chegada da corte portuguesa ao Brasil, relatando a fuga da família real portuguesa para o Brasil. Trata-se de um verdadeiro manual de viagem por todos os acontecimentos que envolvem esse episódio da história nacional

GOMES, L. **1822**: como um homem sábio, uma princesa triste e um escocês louco por dinheiro ajudaram Dom Pedro a criar o Brasil – um país que tinha tudo para dar errado. Rio de Janeiro: Nova Fronteira, 2010.

Neste livro, o autor traz como tema principal a Independência do Brasil. A obra cobre um período de 14 anos, retratando as décadas que vão desde 1821, data do retorno da corte portuguesa de D. João VI a Lisboa, e 1834, ano da morte do imperador Pedro I. O autor objetiva explicar como o Brasil conseguiu manter seu território e firmar-se como nação independente em 1822.

GOMES, L. **1889**: como um imperador cansado, um marechal vaidoso e um professor injustiçado contribuíram para o fim da monarquia e a Proclamação da República no Brasil. São Paulo: Globo, 2013.

O Brasil havia tornado-se uma república. O império brasileiro, até então tido como a mais sólida, estável e duradoura experiência de governo na América Latina, com 67 anos de história, desabara na manhã de 15 de novembro. O austero e admirado imperador D. Pedro II, um dos homens mais cultos da época, que ocupara o trono por quase meio século, fora obrigado a sair do país com toda a família imperial. Vivia agora exilado na Europa, banido para sempre do solo em que nascera.

Questões para revisão

1. A historiografia e os registros do processo de formação do Estado brasileiro informam que seu nascimento ocorreu a partir de uma grande operação de conquista e ocupação de parte do Novo Mundo. Quais instituições se uniram para isso?
   a) Coroa portuguesa, por meio de seus vassalos, e Império Romano, com todos os seus agentes.
   b) O imperador romano e seus agentes e o Rei da Inglaterra, com sua corte.
   c) Coroa portuguesa, por meio de seus agentes, e a Igreja Católica, representada em princípio pelos jesuítas.
   d) O Rei da Inglaterra, com sua corte e a Igreja Católica, representada, a princípio, pelos jesuítas.
   e) Os Reis da Espanha e da França aliançados com o Império Romano.

2. Em 1548, D. João III instaurou o Governo Geral do Brasil e, em 1572, o Brasil passou a ter duas sedes administrativas. Em que locais se instalaram essas sedes?
   a) Uma na Bahia e outra no Rio de Janeiro.
   b) Uma em São Paulo e outra em Minas Gerais.
   c) Uma no Espírito Santo e outra no Rio Grande do Sul.
   d) Uma em Pernambuco e outra em Recife.
   e) Uma no Paraná e outra no Mato Grosso.

3. Conforme Schilling (2019), foi pela Constituição outorgada de 1824 que D. Pedro I obteve legitimidade. Assinale a alternativa que **não** apresenta um dos objetivos gerais do Estado Imperial, que se estendeu até 1889:
   a) Consolidar a autoridade imperial sobre todo o território brasileiro.
   b) Promover a manutenção do regime escravista.
   c) Preservar a paz interna e o reconhecimento internacional.
   d) Fortalecer o movimento liberal abolicionista.
   e) Minimizar os conflitos entre os abolicionistas e os escravos.

4. A partir de 1930, foi implementada, no Brasil, uma série de estratégias desenvolvimentistas para a transformação econômica do país. Segundo Schilling (2019), quais são as três grandes correntes desenvolvimentistas?

5. A mudança da Corte portuguesa para o Brasil, em 1808, acelerou intensamente o processo de instituição do Estado brasileiro. Entretanto, alguns autores consideram que esse fato gerou um paradoxo. Comente sobre isso.

Questões para reflexão

1. Com a Proclamação da República, em 15 de novembro de 1889, e, em seguida, com a aprovação da Constituição de 1891, foi estabelecido um novo regime político no Brasil, que teve como inspiração o presidencialismo federativo norte-americano. Somos, hoje, a República Federativa do Brasil, que é composta por 26 estados e um Distrito Federal. Preencha o mapa a seguir com as respectivas capitais.

Mapa 5.1 – Mapa do Brasil

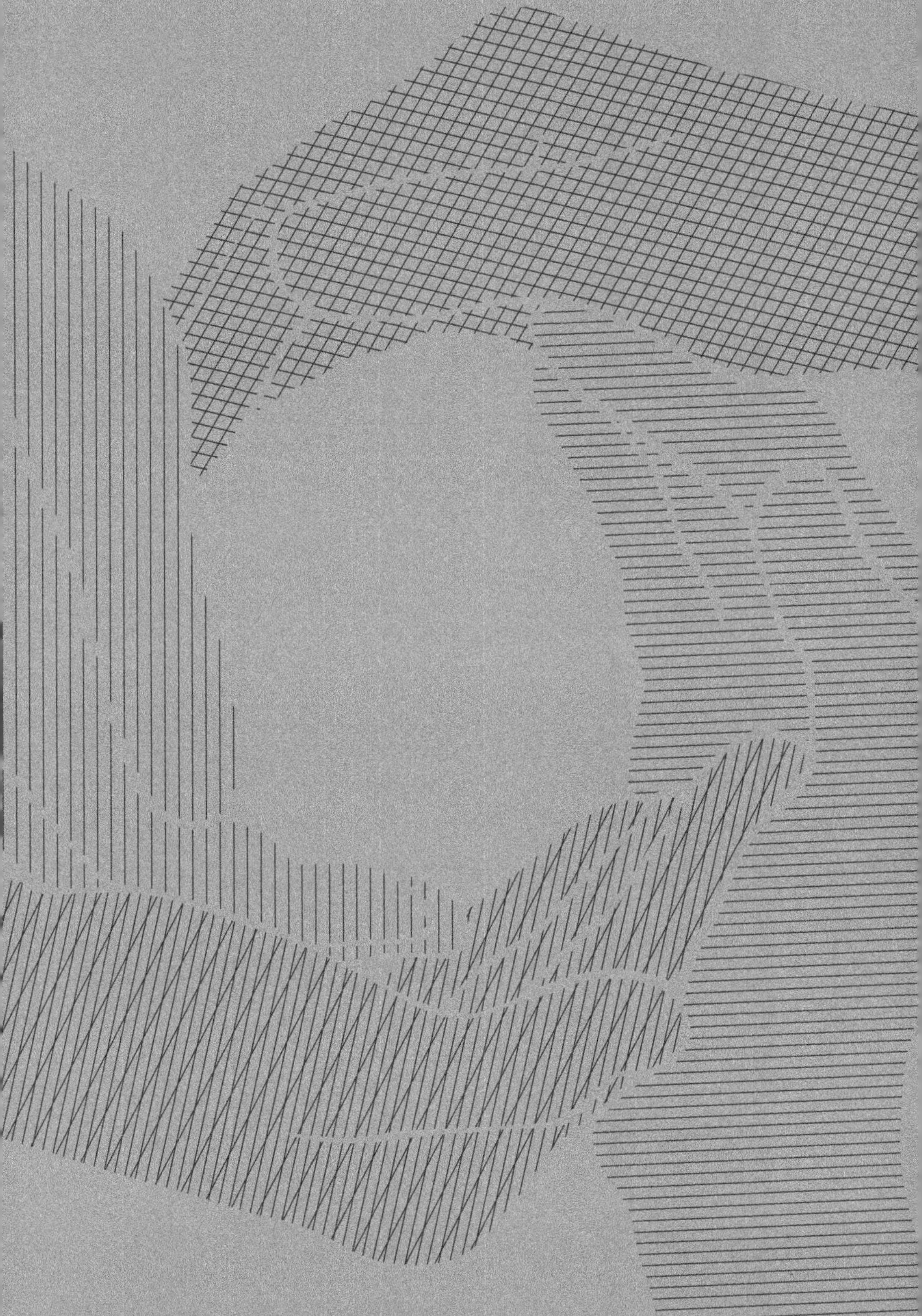

Mariana Patrício Richter Santos

capítulo 6

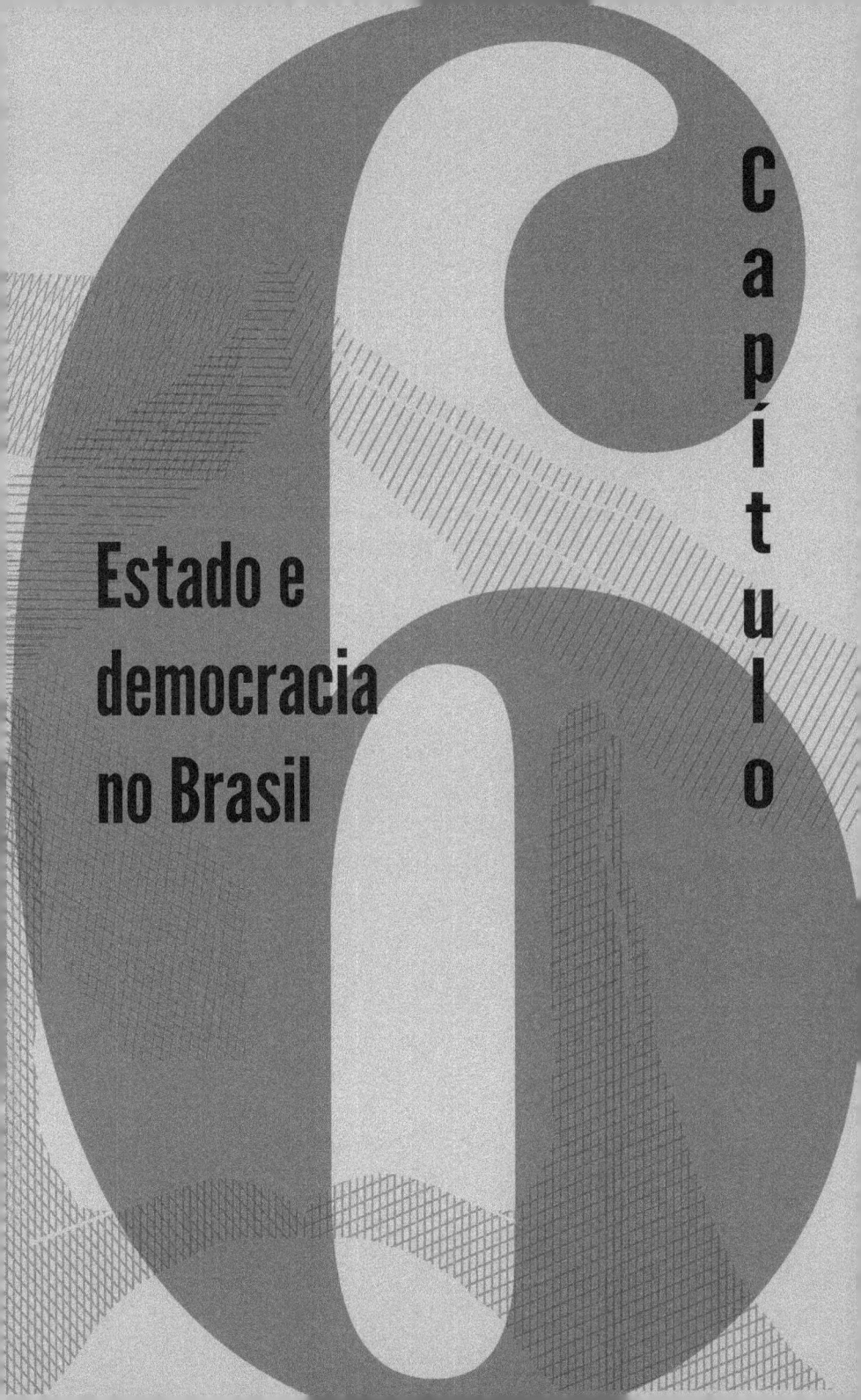

Estado e democracia no Brasil

Conteúdos do capítulo:
- Conceito e características de democracia.
- Democracia na Antiguidade e na contemporaneidade.
- Democracia no Brasil.
- Relação entre democracia e serviço social.

Após o estudo deste capítulo, você será capaz de:
1. compreender o conceito de democracia;
2. diferenciar tipos de democracia conforme cada período histórico;
3. identificar os elementos que compõem uma democracia;
4. reconhecer as características da democracia na realidade brasileira;
5. identificar a relação necessariamente presente entre serviço social e democracia.

Neste capítulo, abordaremos alguns conceitos relacionados à concepção de democracia. Você vai se aproximar do debate acerca do conceito de democracia e perceberá as distinções que permeiam seu surgimento como regime político na Antiguidade e sua existência na sociedade contemporânea. Destacaremos os preceitos e os elementos que, segundo determinados autores, compõem um processo que se julga e se intitula *democrático*, bem como elencar suas possibilidades como direcionamento político dentro de uma sociedade.

Além disso, aproximaremos as expressões de uma democracia na sociedade brasileira, elencando seus limites, seus desafios e suas possibilidades. Por fim, trataremos da relação entre serviço social e democracia, entendendo a profissão como referência na construção de um processo que se quer democrático.

6.1 A democracia

Definir o conceito de democracia não é tarefa fácil. Desde os pensadores mais antigos, ou clássicos, até pensadores da atualidade busca-se, sem alcançar, uma definição e concepção únicas sobre o tema. Todavia, isso não acontece pela dificuldade aparente de autores ou pela ausência de elementos que precisariam ser estudados e aprofundados em sua discussão. Ao contrário, esse impedimento surge ao compreender a considerável complexidade que envolve a definição desse termo.

Assim, não arriscaremos a infeliz ideia de definir de forma estanque e definitiva o conceito; faremos apenas o que consideramos aproximações com o tema, o conceito e seu alcance, para que, quem sabe, com base em reflexões acerca da democracia, sua definição reste mais clara ou direcionada.

É conveniente compreender que, ao buscar uma definição aproximada para democracia, elementos singulares são relevantes. Não se trata de identificar, simplesmente, um regime político especificamente ou características relevantes que devem (obrigatoriamente) compor o que se conhece e compreende por democracia. Até porque a democracia apresenta variações e amplitudes bastante distintas no processo histórico da humanidade, ao considerar a democracia ateniense e a democracia brasileira, por exemplo. É arriscado, por assim dizer, comparar – sob a égide do mesmo enfoque conceitual – o elemento democracia como referência de um regime político, sem que as variações histórico-político-sociais sejam, sequer, aprofundadas e delimitadas.

Desse modo, busca-se que o esforço conceitual em definir o que se compreende por democracia seja válido em seu alcance genérico, mas deve validar, ainda mais, as características singulares das conhecidas e nominadas *democracias*.

Sob esse enfoque, o conceito genérico e abrangente que delimita o vocábulo *democracia* é comungado por diferentes autores. Compreende-se a democracia desmembrando a palavra em sua origem vocabular grega, ou seja, *demos* – que significa povo – e *kratos* – que representa o poder. Assim, a união desses vocábulos expressa o poder advindo, que emana do povo (Mallann; Balestrin; Silva, 2017).

Essa é a expressão e conceituação mais comum ao mencionar a palavra *democracia*. Ora, se, na democracia, o poder emana do povo, esse regime político, em tese, deve propiciar que os interesses populares sejam respeitados, identificados e validados nesse respetivo regime. Neste momento, você pode pensar: Se, na democracia, a vontade e o desejo popular devem ser respeitados e validados, como isso acontece na realidade? Vamos refletir sobre tais possibilidades e desafios.

É mister ressaltar que a transição da democracia passa por diferentes processos históricos e é engendrada de modo respecífico. Não se pode comparar a história de democracia grega (ateniense) com a democracia contemporânea, sob o risco de desvalorizar todo esse processo e conceito, ou de relativizar e reduzir seu valor de importância. O alcance, a forma e o impacto da existência da democracia na sociedade revelam interesses presentes e as possibilidades de existência, fortalecimento ou regressão, a depender de condições históricas e sociais. A democracia, como alertam alguns autores, oferece instrumentos e é considerada meio de alcançar valores sociais indispensáveis no que tange à convivência social. A democracia deve ser valorada e considerada com o passar do tempo e das lutas sociais, conforme salienta Zanetti (2013).

Se a democracia é regime político atribuído ao povo, na condição de sujeito que revela todo seu poder e como componente da comunidade política, a vontade e a diretriz que a referenciam devem apresentar, como aspecto principal, a vontade popular (Miranda, 2013).

Como isso acontecia na sociedade grega, na pólis, berço da democracia? Na pólis, os cidadãos (lembre-se de que, na sociedade grega, nem todos eram considerados cidadãos, por exemplo, estrangeiros e mulheres não participavam das decisões políticas) participavam *diretamente* da política e das decisões, por isso a nomenclatura *democracia direta*. A **democracia direta**, regime em que todos aqueles considerados cidadãos participavam das decisões, era possível porque a comunidade era diminuta e o espaço territorial em que essa prática acontecia era reduzido.

A prática democrática ateniense localiza-se no tempo histórico da Antiguidade. Posteriormente, os regimes políticos que adentram a história da humanidade são, em grande monta (em especial no continente europeu), delineados pelo Estado absolutista, corroborado pelo grande poderio dos reis em suas monarquias. O ideal burguês de liberdade e a necessidade de novo regime político, que reconfigurasse as relações sociais, de poder e decisórias, desenham o aspecto da configuração e os posteriores aspectos democráticos nas sociedades. Nesse sentido, a democracia, como afirma Bobbio (citado por Paula Junior, 1999), é elemento dinâmico.

Os debates acerca da democracia encontram aproximações, inclusive, em autores denominados *contratualistas*, como Hobbes, Locke e Rousseau. Obviamente, sob perspectivas distintas e compreensões diferenciadas – uma vez que há uma relação entre os súditos e o Estado como esfera de poder e de controle social –, tais autores indicam a separação dos papéis atribuídos a cada ente. No entanto, a teoria política desses pensadores mais próxima da democracia é a de Rousseau, pois "seu modelo propõe um retorno à democracia direta, em que cidadãos tomariam as decisões eles mesmos sem recorrer a um soberano absoluto ou a um corpo de representantes eleitos" (Medeiros, 2015, p. 265).

Nesse embate, é importante considerar os elementos característicos que, segundo alguns autores e pensadores, compõem o que se intitula *democracia*. A seguir, você conhecerá quais seriam, assim, os componentes que atribuiriam especificamente a um regime político a denominação de um regime que se quer conhecido como *democrático*.

6.1.1 Elementos da democracia

Depois da definição genérica entre os mais distintos estudiosos do termo *democracia*, como referendá-la e identificá-la? Quais características que identificam, pormenorizadamente, que determinado sistema político pode ser configurado como sistema democrático? O que é necessário ter/fazer/existir em determinada sociedade para que se tenha o âmbito e a perspectiva de construções efetivamente democráticas?

Para não destoar de toda a complexidade que engloba o termo *democracia* e sua definição, as consideráveis que podem ser entendidas como categorias analíticas relevantes na compreensão de componentes que caracterizem um regime democrático também são importantes. Segundo Ribeiro (citado por Mallann; Balestrin; Silva, 2017, p. 66), uma primeira característica da democracia compreende um governo que seja de uma única pessoa ou de um grupo, mas o elemento "fundamental é que o povo escolha quem governa e possa controlar a forma como governam".

Imagem que representa a escolha, por parte do povo, sobre **quem** governa e a **forma** como governam, como indica Ribeiro (citado por Mallann; Balestrin; Silva, 2017), o voto é uma das expressões e conquistas provenientes do sistema democrático (ao pensar no sistema representativo), distinguindo, assim, um dos elementos característicos do referido sistema político.

Porém, para que o regime político seja considerado democrático, deveria cumprir uma série de exigências que condicionariam sua percepção e sua referenciação democráticas. Um dos estudiosos sobre esse tema indica que, para que um regime seja identificado como democrático, ele

> Permite a liberdade de organização em associações, entidades de classe, partidos, etc.; há liberdade de expressão, na forma individual ou coletiva; as pessoas têm direito de voto em eleições livres e idôneas; os ocupantes de cargos públicos são eleitos; há imprensa livre e responsável, com acesso a fontes alternativas de informação. (Dahl, citado por Mallann; Balestrin; Silva, 2017, p. 67)

Ainda nessa esteira de caracterização e elementos que direcionam uma democracia, Miranda (2013) desvela que, na democracia, o exercício do poder não se faz com um único autor, ele deve ser mediado e exercido pelo povo, os cidadãos, em conjunto com os governantes. Como o referido autor menciona, tal exercício deve "traduzir a capacidade dos cidadãos de formarem uma vontade política autônoma perante os governantes" (Miranda, 2013, p. 255).

Você perceberá, com base na leitura de diversos estudiosos, as características e os elementos norteadores de um processo que se diz democrático. Outro pensador que, ao refletir sobre o processo democrático, utiliza-se do conhecimento produzido por Dahl é Guerra (2012). Ele explica que, na perspectiva e na leitura da realidade democrática, na visão de Dahl, os critérios que identificam o que pode ser denominado como *processo democrático* seriam cinco: "(a) participação efetiva; (b) igualdade de voto; (c) entendimento esclarecido; (d) controle do programa de planejamento; (e) inclusão dos adultos" (Dahl, citado por Guerra, 2012, p. 35).

O processo de identificação de características democráticas não significa, em nenhum momento, que a democracia, vista sob esse prisma, esteja presente de forma integral na sociedade humana. A democracia, muito mais do que uma realidade prática e efetiva, caracteriza-se como indicador de desejo de uma sociedade mais humana e igualitária. A clareza e a definição de elementos norteadores de sua existência não necessariamente indicam sua presença histórica ou consolidada nos mais diferenciados espaços. Nesse sentido, cabe elucidar, ainda, que, além dos referidos elementos e indicadores de um processo democrático, não reduzem a compreensão de que a democracia transcende a necessidade meramente prático-instrumental de tais elementos. A conceituação, a existência e a consolidação do que se vem afirmando como processo democrático reluz sob distintas realidades, a depender e a considerar toda sua complexidade e seus limites institucionais-legais aplicáveis na realidade contemporânea.

Portanto, cabe elucidar as diferentes tipologias do que se entendem por democracia, que afetam, diretamente, espaços decisórios, democráticos e com o viés de vontade popular.

Vamos estudá-las?

6.1.2 Tipologias da democracia

A democracia, para além de sua necessária compreensão e dos elementos norteadores que a identificam, tem suas possibilidades de inserção, existência e referenciação na sociedade contemporânea. Ressaltamos que, à democracia clássica, ou antiga, realizada e vivenciada na Grécia, corresponda uma nova tipologia, considerada a **democracia moderna**, ou dos modernos. Como dito anteriormente, se a democracia é fundamento dinâmico, não há de se aplicar a mesma lógica e direcionamento da democracia antiga na realidade moderna, a considerar as alterações significativas existentes em abrangência territorial, regime político e caracterizações dos governos, modo de produção e interesses presentes. Na época moderna, a concepção acerca da democracia dá seu tom.

> Com a entrada na época moderna e com as mudanças e reviravoltas advindas neste período, retoma-se o interesse pela democracia, que mais adiante será identificada como democracia dos modernos. Duas importantes ideias foram decisivas para que uma nova percepção sobre a democracia fosse formulada: em primeiro lugar,

a ideia de representação, desvinculada do mandato imperativo que atrelava o representante diretamente ao representado. Em segundo lugar, a ideia de que o representado deveria escolher o representante, em eleições. Estas duas ideias tornaram-se o conteúdo central, no final do século XVIII, de república (governo representativo). (Guerra, 2012, p. 31)

Portanto, a democracia transfere seu saber da área direta (de democracia vivenciada diretamente pelo cidadão) para uma democracia que se queira representativa. Mas, antes de aprofundarmos o debate sobre esse modelo de democracia, que atende a interesses contemporâneos, é conveniente retomar a compreensão do que se denomina *democracia direta*.

Traremos o debate acerca das tipologias de democracia com base nas ideias e nas concepções apresentadas por Zanetti (2013). Na **democracia direta**[1], muito referenciada na sociedade grega e vivida na pólis, o homem grego apresentava participação efetiva na política local. Nesse modelo de democracia, aquele que era considerado cidadão participava ativa e diretamente das decisões políticas, fazendo com que sua vontade e opinião valesse significativamente na tomada de decisões. Nesse sentido, há uma identidade referenciada entre quem era o titular do poder político (o cidadão) e o encarregado de exercer esse poder (também o cidadão). Porém, essa tipologia apresenta limites e obstáculos na realidade atual em razão do grande contingente de pessoas que são consideradas, efetivamente, cidadãos (o que não deixa de ser uma conquista histórica) e da dimensão

---

[1] Podemos lembrar que, na contemporaneidade brasileira, a Constituição da República Federativa do Brasil, em 1988, apresenta instrumentos de democracia direta, como o plebiscito, o referendo e a iniciativa popular. No Brasil, o sistema democrático brasileiro é misto, abordando, por vezes, elementos de uma democracia direta e, por vezes, elementos de uma democracia representativa. Certamente, há restrições e reservas aos instrumentos atuais de democracia direta, a depender da leitura e da compreensão acerca do papel que tais instrumentos representam. Esse debate pode ser, brevemente, encontrado no texto: *Os mecanismos de democracia direta e os movimentos sociais: considerações sobre o aperfeiçoamento da cultura política* (Freitas, 2012).

territorial que abarcasse e integrasse todos os cidadãos em um mesmo local.

Outra tipologia de democracia, adotada como referência nas sociedades diz respeito à **democracia indireta,** ou **representativa**. Nesse sistema, a vontade popular segue valendo, a considerar o conceito originário da palavra democracia, mas a forma de exercê-la em sociedade é distinta. O saber e a vontade popular serão expressos, segundo essa tipologia, por representantes eleitos para tal fim. Sob esse viés, encontra-se o foco constitucionalista como carta de intenções de uma sociedade democrática, mas com o desenho de uma democracia delineada pelos representantes, estes escolhidos pelo povo. Logo, os interesses e as necessidades do povo não deixam de constituir o núcleo central do interesse democrático, apenas suas formas de defesa e de regulação é que alteram, em relação à tipologia da democracia clássica. Nesse sentido, "os governantes governam em nome do povo, por virtude de uma investidura que a Constituição estabelece a partir do povo, e o povo tem a possibilidade de manifestar uma vontade jurídica e politicamente eficaz sobre eles e sobre a atividade que conduzem" (Miranda, 2013, p. 256-257).

No sistema de democracia representativa, ou indireta, seriam eleitos representantes do povo. O próprio vocábulo *representante* já indica de que processo se trata quando se fala de representantes: pessoa que representa o interesse de uma classe, de um grupo. Portanto, esse representante seria sinônimo do interesse dessa população, de seus mais profundos anseios e expectativas.

Nesse contexto, é importante ponderar que os interesses direcionados a esse representante indicam uma vontade geral do povo que ele pode exercer por meio de funções políticas. Uma das características desse modelo é a periodicidade em que tais representantes são eleitos, e um dos grandes desafios – e porque não dizer limitações – desse modelo, diz respeito à dissonância entre interesses e vontade dos eleitores (ou seja, do povo) e o que é efetivamente realizado por seus representantes. Tal indicativo é fundamental porque coloca em risco o sistema democrático representativo, já que a vontade popular permanece subjugada a interesses políticos particulares e ao exercício irregular do mandato político (Zanetti, 2013).

Nessa conjugação entre as formas de democracia diferenciadas e a necessária supremacia da vontade popular é que surge o que ficou conhecido como a **democracia semidireta**, ou **participativa**. Nesse modelo, a democracia combina elementos da democracia direta e da democracia representativa, alcançado duas perspectivas importantes: a garantia dos interesses do povo por meio de sua ação efetivamente direta e a possibilidade de representação, a considerar os limites territoriais de participação real nas decisões políticas. Dessa forma, nesse modelo, não se descarta nenhum elemento que seja relevante à prática democrática. No sistema indireto, por exemplo, não se descarta a necessidade de representação política por meio das eleições, reverberando na intenção de representação da vontade popular (Zanetti, 2013).

A combinação dos elementos dos tipos de democracia referenda o que pode ser compreendido também como *democracia semidireta* ou *mista*. Embora muitos fatores determinem os aspectos de democratização de uma sociedade, seu exercício deve ser o menos interrompido possível (Guerra, 2012).

> O poder emana do povo, conquanto seja exercido pelos seus representantes na maior parte do tempo; ainda assim o poder não é transferido para o representante na sua totalidade, pois há uma retenção do poder que será exercida de forma direta pelo povo por meio de instrumentos próprios da democracia semidireta (referendo, plebiscito e iniciativa popular). (Guerra, 2012, p. 37)

Cabe relembrar, como reforço conceitual, as diferenças entre a democracia entendida como clássica (aquela da realidade ateniense) e a democracia moderna, pois, nesse ínterim, o direito à participação "tornou-se, portanto, indireto, através da escolha de representantes" (Chaui, 2000, p. 560).

Você pode estar pensando: Como, diante de países com abrangências territoriais tão significativas, poderíamos pensar em um sistema de democracia semidireta? De que modo seria o exercício direto nesse sistema? Veja, no Brasil, dada sua grande abrangência territorial, seria impossível a participação direta em todas as decisões políticas e em todas as suas esferas, porém a legislação e a carta constitucional previram maneiras para que os cidadãos exerçam essa democracia direta, como o referendo, o plebiscito e a iniciativa popular. Apesar de suas especificidades, tais instrumentos consolidam formas de participação efetiva na vida política do país. Embora haja também, no sistema brasileiro, a democracia representativa (por meio de eleições), podemos dizer que está vigente uma democracia semidireta ou participativa, ou mista, a depender do autor em que nos referenciamos.

Mas, para além desse debate acerca da democracia semidireta, outras formas de experiências de participação têm ganhado destaque na sociedade contemporânea. Relata Medeiros (2015, p. 273):

> Outras formas de participação política além do voto têm ganhado destaque nas experiências práticas contemporâneas e nas discussões no âmbito da teoria política. Protestos em larga escala e novos mecanismos institucionais de participação direta vão além da democracia liberal embora não conflitem necessariamente com a sua existência. Nesse novo contexto, os conceitos de "participação" e "representação" ganham novos questionamentos no que tange à relação entre cidadãos e cidadãs e instituições políticas.

Uma reflexão política e necessária acerca da democracia guarda relação com seu papel diante da existência de conflitos. É sabido que, independentemente das diferentes concepções sobre o viés democrático, o conflito lhe é presente e permanente. A depender dos distintos modelos de sociedade e das questões econômicas e sociais que permeiam as mais singulares sociedades e organização de comunidades, o conflito lhes é imanente, e a democracia pode, portanto, surgir como estratégia política de enfrentamento desses conflitos. A democracia – independentemente da tipologia a ela vinculada – não nega o conflito, ao contrário, reconhece sua existência e a necessidade de discuti-lo e abordá-lo, com foco na "vontade geral", nas palavras de Rousseau, ou no poder que emana do povo, conforme discursos presentes nos mais diversos textos constitucionais. Assim, a democracia é a única "forma política que considera o conflito legítimo e legal, permitindo que seja trabalhado politicamente pela própria sociedade" (Chaui, 2000, p. 558).

6.2 O processo democrático no Brasil

Agora que você já se apropriou do debate a respeito da democracia – seu conceito, suas características e sua tipologia –, cabe refletir sobre esse processo na sociedade brasileira. Compreender a trajetória histórica da democracia brasileira, seus limites, seus desafios e suas possibilidades, implica desvendar os mistérios por detrás das dificuldades encontradas na consolidação democrática na sociedade brasileira contemporânea.

É essencial entender que qualquer modelo de sociedade, ou comunidade, apresenta suas especificidades, o que denota, com grau de maior ou menor facilidade, maior ou menor aceitação, a implantação de processos que se queiram democráticos. Assim, na história brasileira, a democracia traduz-se em elemento e regime políticos recentes e atuais, se o ângulo de análise a ser considerado revelar-se no tempo de sua durabilidade histórica. O processo democrático no Brasil, como regra inicial, deve contar como referência às dificuldades, às facilidades e aos contrassensos em sua implantação e implementação em nossa sociedade.

Desse modo, não há de se falar em uma sociedade brasileira eminentemente ou prematuramente democrática, ao contrário, há de se falar em um (hoje) país, antiga colônia portuguesa, que ainda resguarda comportamentos e processos culturais extremamente vinculados ao aspecto colonial, qual seja, de subserviência, mando e obediência. No Brasil, nos dizeres de Holanda (1995), surge o homem cordial, característica ressonante da sociedade brasileira.

A democracia no Brasil, em especial nos idos da República Velha, representava os limites institucionais de um processo democrático.

Cabe relembrar que, no referenciado período histórico, em especial nos Estados de São Paulo e de Minas Gerais, essa república era comandada pelos famosos "coronéis"[2], figuras centrais nos processos políticos decisórios da população. Nesse processo e dentro da concepção de uma democracia representativa brasileira, o próprio resultados das eleições – se analisado sob o categórico democrático – seria inválido, pois não postulava, ou sequer representava, os interesses do povo ou a tão delineada vontade popular. Além das possíveis fraudes ao processo eleitoral (referenciadas pelo voto de cabresto), a restrição ao voto – como expressão dinâmica de exercício democrático– configuravam limitações a esse processo democrático. Nem todas as pessoas podiam votar nesse período, pois não cumpriam critérios como acesso à renda, alfabetização e acesso à propriedade. A democracia brasileira, sob esse enfoque, era bastante seletiva.

A existência de períodos democráticos no Brasil pode ser vista segundo diferentes olhares e conceitos. Na concepção de Beras (2013), a democracia brasileira é identificada e registrada em três momentos históricos, quais sejam: 1934-1937; 1946-1964 e 1984-2008. Certamente que tais períodos históricos condensam peculiaridades objetivas e alterações no que tange à especificidade dessa democracia e de seu alcance.

Ainda na perspectiva de Beras (2013), os períodos que englobam a democracia brasileira na realidade histórica, dizem respeito ao início da era Vargas (1934-1937) e, posteriormente, ao período de poderio dos presidentes Jânio, Juscelino e Goulart, permeando as décadas de 1940 a 1960 (no lastro dos anos de 1946 até 1964). Diz-se, desse período, mais em especial na era Vargas, que a ampliação de direitos (especificamente os sociais), consolida-se como estratégia governamental travestida de concessão estatal. No lugar da cidadania, surge o que se chama, nos dizeres de Beras (2013), de *estadadania*.

---

2 Para obter mais informações, assista ao vídeo: CULTURA retrô – coronelismo – Telecurso – 23 fev. 2012. Disponível em: <https://www.youtube.com/watch?v=CjcxVvPbfVo>. Acesso em: 28 set. 2019.

Porém, antes de avançarmos na trajetória histórica da democracia brasileira, cabe ressaltar alguns aspectos históricos do referido período, que nos permitam uma reflexão mais acertada da perspectiva democrática. Em que pese Beras (2013) identificar o período inicial de poder e governo da Era Vargas como o início da democracia brasileira – e essa elucidação é compreensível, a depreender do posterior Estado repressor instaurado pelo mesmo líder –, Paixão (2011) considera um excesso qualificar tal período como democrático, pois recorda os altos traços conservadores e autoritários presentes na Era Vargas, de modo geral. Para reforçar essa leitura, o autor explica:

> Portanto, não cabe qualificar como "democráticos" os anos 1930-1937, para eventualmente diferenciá-los do "autoritarismo" de 1937-1945. Em toda a extensão de tempo, predominaram práticas autoritárias. Evidentemente, esse autoritarismo tomou, a partir do Estado Novo, uma forma mais organizada e institucionalizada, mas seria um excesso qualificar o período anterior a ele como democrático. (Paixão, 2011, p. 151)

Um importante alerta é dado por Paixão (2011) quando afirma que a democracia não era um regime político muito procurado pelos mais diversos movimentos da época, nem os de oposição, tendo em vista as concepções autoritárias assumidas em diferentes partes do globo. Para ele, foi preciso o fim do período pós-segunda guerra mundial para que a referência à democracia restasse clara no horizonte da política e do direito. (Paixão, 2011). Para esse mesmo autor,

> Com o fim do Estado Novo em 1945 e a promulgação da Constituição de 1946, houve um retorno (bastante acidentado) às práticas democráticas no plano político, mas o processo de modernização prosseguiu nas bases anteriormente fundadas. Houve um interregno entre 1945-1964, no qual se operou uma alternância de partidos e líderes políticos no poder. (Paixão, 2011, p. 154).

Porém, em 1964, instala-se, no Brasil, o regime militar ditatorial, afastando qualquer possibilidade de abertura democrática ou participação popular. Diversas ações são constituídas nesse período histórico, sob a égide da necessária continuidade do regime militar ditatorial, silenciando toda e qualquer voz que destoasse dos interesses político-militares. Nesse contexto, são decretados os famosos atos institucionais, os quais limitavam e cerceavam poderes e direitos, restringindo a sociedade brasileira ao que era definido pelos interesses dos ditadores. Uma das singularidades assustadoras nos referidos instrumentos de repressão e controle (pois assim compreendemos os atos institucionais) tem relação com o fato da impossibilidade de controle judicial sobre eles. Assim foram classificados os Atos Institucionais n. 1, 2, 3 e 5 (Paixão, 2011).

Ao final dos anos 1970 e início dos 1980, ganham força as mobilizações da classe trabalhadora, mensuradas pelas práticas sindicais e questionadoras da ordem instituída. Lideranças políticas mais comprometidas com o processo democrático também repousam em solo brasileiro, tomando base de organização no que se tornaria um grande elemento de (re)construção democrática na história brasileira: o movimento das Diretas Já. Diante da Assembleia Nacional Constituinte, uma marca distintiva a solidificava: a possibilidade e a habilidade de construção de uma nova história em, pelo menos, dois planos. Elucida Paixão (2011, p. 164):

> O primeiro deles é o procedimental: ao contrário da maior parte das experiências correlatas no mundo (e da própria tradição brasileira), a ANC não partiu de um texto previamente escrito e optou pela gradativa montagem, por blocos temáticos, de um grande anteprojeto, o que foi possível pela divisão da Assembleia em oito comissões temáticas [...] O segundo aspecto a ser destacado é a inédita participação social: iniciativas como as emendas populares, a opção de realização de audiências públicas, o acompanhamento pela imprensa, tudo isso transformou a ANC num espaço permanentemente dinâmico de construção de uma nova identidade.

Portanto, é perceptível a consolidação do processo constituinte e democrático brasileiro, apesar de todas suas dificuldades e limitações presentes. Como esclarece Rocha (citado por Mallann; Balestrin; Silva, 2017, p. 147), "Por meio de emendas populares, a sociedade pôde participar da elaboração da Constituição de 1988 e interferiu na definição de vários artigos, conseguindo fazer desta uma 'constituição cidadã', na qual foram incluídos mecanismos de decisão em âmbito federal, estadual e municipal, imputando ainda o referendo, o plebiscito e a iniciativa popular".

Da consolidação desse processo democrático brasileiro mais recente, proveniente do movimento da Assembleia Nacional Constituinte erigiu-se a aprovação da Constituição Federal de 1988, a qual ficou conhecida como a *Constituição Cidadã*. Essa nomenclatura tem relação com os direitos que passam a ser constitucionalmente garantidos, ampliando não só o espectro da democracia brasileira, mas também a referência ao cidadão.

Nessa Constituição, há o sistema de democracia semidireta ou participativa, o que, ao mesmo tempo em que consolida possibilidades de eleger representantes por meio do voto (para representar o interesse do povo, ao menos em tese), conta com instrumentos jurídicos que possibilitam a democracia direta, como o referendo, o plebiscito e a iniciativa popular.

Porém, há de se considerar outros elementos presentes na democracia brasileira sob o viés crítico-analítico. Não se pode realizar uma leitura fortemente positiva da democracia brasileira (a qual, certamente, não deixa de ser um ganho e avanço sob uma perspectiva de avanço de regime pós-ditatorial), mas se deve relembrar a cultura política brasileira que ainda se faz presente na cotidianidade.

Um exemplo pode ser o próprio mecanismo de participação popular, o qual tem sido ampliado significativamente na realidade brasileira. Alerta Medeiros (2015, p. 274):

> Mecanismos de participação direta, os quais tem se ampliado no Brasil por exemplo, não fogem ao debate sobre a possibilidade de a deliberação servir apenas para legitimar decisões tomadas. É preciso distinguir uma participação autônoma e efetiva de um simulacro de participação, como muitas vezes ocorre na prática em ambientes institucionais.

É conveniente refletir acerca desse processo para que não se confunda a mera existência de possibilidade de participação com a possibilidade efetiva de participação, na qual o povo, realmente, indique suas intenções e as deliberações políticas às quais almeja alcançar.

Sabemos da dificuldade desse processo, tendo em vista a cultura política brasileira, de subserviência, de assistencialismo e coronelista indicada à população brasileira. Em que pese o momento histórico ser diferenciado, as raízes da desigualdade e de processos autoritários ainda se fazem presentes em nossa realidade. Nesse caminho, alerta Chaui (2000) que os brasileiros afirmam que vivem em uma democracia. A mesma autora nos faz ponderar acerca da existência de outro processo social: o autoritarismo social. Ela relata que

> Nossa sociedade é autoritária porque é hierárquica, pois divide as pessoas, em qualquer circunstância, em inferiores, que devem obedecer, e superiores, que devem mandar. Não há percepção nem prática da igualdade como um direito. Nossa sociedade também é autoritária porque é violenta (nos termos em que, no estudo da ética, definimos a violência): nela vigoram racismo, machismo, discriminação religiosa e de classe social, desigualdades econômicas das maiores do mundo, exclusões culturais e políticas. Não há percepção nem prática do direito à liberdade. (Chaui, 2000, p. 563-564)

Nessa perspectiva, o próprio processo democrático coloca-se em risco ao considerar que, mesmo que possam votar e participar, em tese, da sociedade, sob um olhar da democracia formal ou procedimental, não se identificam práticas efetivas e democráticas em nosso processo de inclusão social.

É importante referenciar que a cultura e a leitura brasileiras no que tange aos aspectos políticos ainda são condensadas de elementos coloniais, como a subserviência, a lógica de favor e privilégios, além de compreender o Estado como extensão de patrimônios particulares. Utiliza-se da lógica do Estado como meio para alcançar objetivos particulares, destoantes dos interesses da população como um todo, dentro do funcionamento de uma democracia que se diz representativa. Assim, os "representantes, em lugar de cumprir o mandato que lhes foi dado pelos representados, surgem como chefes, mandantes, detentores de favores e poderes, submetendo os representados, transformando-os em clientes que recebem favores dos mandantes" (Chaui, 2000, p. 564).

Diante desse contexto, a compreender todo o processo que envolve e qualifica uma sociedade democrática, na realidade brasileira, ainda há muito o que se aprender e reforçar como práticas democráticas efetivamente. Além de cumprir, formalmente, os elementos característicos de uma democracia e, além ainda, da preocupação com qual tipologia democrática a sociedade brasileira se enquadra, há muito a se aperfeiçoar e a superar.

É preciso superar a lógica messiânica e do favor; é preciso superar o jogo da subserviência e do poder; é preciso superar as estratégias políticas que enquadram como práticas democráticas decisões previamente tomadas. É preciso, respeitar, precipuamente e como elemento fundamental e norteador de um regime político democrático, a vontade popular, pois, como tentou nos ensinar Rousseau, o que deve prevalecer é a vontade geral. Ou, ainda, traduzindo esse elemento para a realidade brasileira, com fulcro nos ensinamentos de Chaui (2000, p. 565): "Como se observa, a democracia, no Brasil, ainda está por ser inventada".

Na sociedade brasileira, não apenas a democracia está por ser inventada, mas também o cidadão efetivo e participativo está por ser inventado; a participação real da população na condução das decisões políticas está por ser inventada; a representação dos interesses populares por meio dos ocupantes de cargos políticos está por ser inventada e respeitada.

A democracia, no Brasil, está por ser inventada, pois o país e seu povo precisam, antes disso, descobrir sua autonomia e seu poder popular. Esse é o elemento-chave na construção de uma sociedade democrática.

6.3 Serviço social e sua relação com a democracia

Após a construção e a explicitação da democracia nas seções anteriores, consideramos essencial associar esse processo democrático à profissão do serviço social. Não nos cabe, aqui, delimitar um esforço histórico no que tange ao resgate conceitual das lutas e das construções da profissão do serviço social – de suas origens até a contemporaneidade –, embora se saiba que esse percurso histórico delimitou (e ainda delimita) a forma como a profissão e seu amadurecimento teórico, ético e político percebe-se na atualidade.

Devemos ter em conta os pressupostos que norteiam o direcionamento profissional atualmente, sendo eles o Código de Ética Profissional do Assistente Social, a Lei de Regulamentação da Profissão, bem como o projeto ético-político da profissão. Esses elementos consolidam a intencionalidade contemporânea do exercício profissional, referendando o compromisso do assistente social com as lutas dos trabalhadores e com a construção de uma ordem societária mais justa, igualitária e que se intenta democrática.

O profissional assistente social luta por uma ordem societária mais justa e igualitária, não se podendo esquecer, paralelamente, o viés teórico-ideológico em que se encontra: uma sociedade de fundo capitalista, com interesses neoliberais, que pressupõe a redução do Estado, de políticas sociais e, consequentemente, a redução de direitos. Trata-se de uma realidade contraditória e peculiar: é um profissional que luta e defende o acesso aos direitos garantidos efetivamente, mas que, ao mesmo tempo, reconhece-se como profissional limitado em seu fazer profissional, por força não de sua capacidade ou competência teórico-metodológica, ético-política, mas sim pelas especificidades impostas pelo "jogo do capital". São homens e mulheres lutando, cotidianamente, em busca de emancipação e de liberdade, oprimidos que são, progressiva e cumulativamente, pelo enredo do capital (Boschetti, 2008).

Nessa relação contraditória, o profissional do serviço social busca inserir-se, de modo crítico e fundamentado, em lutas que reproduzam seus interesses expressos conforme o projeto ético-político da profissão. Como afirmam Martins et al. (2014, p. 5): "O projeto ético-político do Serviço Social tem em seu núcleo o reconhecimento da liberdade concebida historicamente como possibilidade de escolher entre alternativas concretas, portanto tem um compromisso com a autonomia, a emancipação e a plena expansão dos indivíduos sociais".

De toda sorte, torna-se expressa a relação do assistente social com um processo democrático que busque garantir a plena expansão dos indivíduos sociais, seja por meio de sua inserção em políticas públicas, seja por meio de reforçar, cotidiana e atualmente, seu caráter como cidadão de direitos.

Cabe salientar, nesse contexto, uma característica premente da democracia que conversa, significativamente, com o serviço social: seu movimento processual histórico. Em que pese o alcance de democracia mais contemporânea, conquistada no Brasil pós-ditadura militar e com materializada expressão por meio da Carta Constitucional de 1988, suas garantias não se tornam, *per se*, imutáveis ou constantes pela ação do tempo – um tempo que se considera histórico, permeado de vicissitudes e influências culturais, econômicas e sociais.

Desse modo, não apenas as peculiaridades de uma democracia dita brasileira, se entendem frágeis e dinâmicas em seu percurso temporal, mas também as lutas e os diálogos mais do que necessários que devem ser estabelecidos pelo profissional assistente social.

Assim, o viés que deve elucidar o cotidiano profissional do assistente social, dentro de um sistema democrático, diz respeito à garantia e à luta pela garantia dos princípios fundamentais da profissão e que dialogam, a todo tempo, com a luta de uma sociedade mais justa, livre e com a defesa de uma democracia como socialização da participação política e da riqueza socialmente produzida.

Portanto, a relação do serviço social com a democracia se faz premente e interligada, ao compreender que é no espaço democrático que o assistente social se perfaz em seu cotidiano profissional e, nesse mesmo espaço, é que o profissional luta pela garantia de possibilidades de participação política e de construção de uma sociedade na qual a riqueza seja socialmente produzida. O movimento contraditório presente, o movimento temporal, as demandas e as lutas sociais em seu cotidiano de exercício profissional perfazem o sistema democrático não como um sistema ideal, mas como um sistema por meio do qual há possibilidades de construções mais coerentes com uma nova ordem societária.

Síntese

Neste capítulo, tratamos do conceito de democracia, com foco em sua concepção clássica e em sua concepção moderna, por meio de seu percurso histórico no tempo.

Depois, analisamos os elementos e as características que podem consolidar a concepção de um sistema realmente democrático, tomando por premissa o olhar de diferentes autores, cuja referência é o espectro da vontade popular e da representação da vontade e da necessidade do povo.

As democracias direta, representativa, semidireta e participativa (ou mista) foram apresentadas a você como resultado das distintas leituras de seus processos e de suas limitações e potencialidades.

O processo democrático no Brasil recebeu enfoque nas características dessa recente democracia, bem como em seus avanços e limites, a considerar a cultura política brasileira de subserviência, obediência e mando. Juntamente, discutimos o desafio de uma democracia brasileira que ainda está por ser inventada e consolidada.

Por fim, estabelecemos a relação entre a democracia e o serviço social, indicando de que modo esse profissional encontra-se engendrado no mundo contraditório e capitalista, mas que luta por princípios fundamentais da profissão, como compromisso ético-político na busca de uma nova ordem societária.

Para saber mais

CHAUI, M. **Convite à filosofia**. São Paulo: Ática, 2000.

O livro escrito pela filósofa e professora Marilena Chaui é um convite ao leitor, do iniciante ao mais exímio, para se debruçar sobre o universo da filosofia, de forma leve e prazerosa. A autora consegue apresentar e debater temas tão importantes ao saber filosófico, mantendo seu preciosismo acadêmico por meio de uma linguagem simples e acessível.

Questões para revisão

1. Como é denominado o regime político que permite a participação popular deve levar em conta a vontade popular, entendendo que o poder é do povo e para o povo?
   a) Burocracia.
   b) Autarquia.
   c) Monarquia.
   d) Oligarquia.
   e) Democracia.

2. Para entender o conceito de democracia, é salutar compreender também alguns elementos que a compõem. De acordo com as características que devem fazer parte de uma democracia e de um processo democrático, assinale a alternativa correta:
   a) Na democracia, a vontade popular é subjugada.
   b) Na democracia, a vontade dos reis deve prevalecer.
   c) O povo não deve escolher seus representantes, mas deve indicar a forma de governar.
   d) O voto não tem relação com o processo democrático e com a consolidação da democracia.
   e) O processo democrático é composto por participação efetiva, igualdade de fato, entendimento esclarecido, entre outros elementos.

3. Com base na temática da democracia e em suas tipologias, leia as afirmações a seguir.

   I) A democracia direta foi utilizada na Grécia, pois era uma tipologia universal, em que todos os cidadãos, indistintamente, poderiam interferir e opinar sobre as decisões políticas.
   II) A democracia representativa é baseada na vontade popular, mas a forma de exercício desse tipo de democracia é distinta da democracia direta, pois tem relação com a eleição de representantes do povo.
   III) Na democracia semidireta ou participativa, os modelos de democracia direta e representativa são combinados.

   Está correto o que se afirma em:
   a) I apenas.
   b) I e III.
   c) II e III.
   d) III apenas.
   e) I e II.

4. Por meio de uma análise crítica, disserte sobre a democracia semidireta ou participativa.

5. Explique as limitações encontradas na democracia na sociedade e realidade brasileiras.

Questões para reflexão

1. Sobre a democracia, poderemos encontrar vários textos, poemas e livros. Neste momento, indicamos a leitura do texto de Leonardo Boff, intitulado *A democracia brasileira sob ataque*:

   BOFF, L. **A democracia brasileira sob ataque**. 23 jul. 2017. Disponível em: <https://leonardoboff.wordpress.com/2017/07/23/a-democracia-brasileira-sob-ataque/>. Acesso em: 20 dez. 2019.

Com base na leitura do texto indicado, responda às questões a seguir:
1. Qual o conceito de democracia apresentado pelo autor?
2. Por que o autor considera que a democracia brasileira está sob ataque?

Para concluir...

Ao concebermos esta obra, pensamos de que forma os debates existentes sobre as diferentes concepções de Estado e as teorias que o explicam poderiam contribuir para que alunos e profissionais de serviço social pudessem compreender quem é esse ator dentro da cena contemporânea na disputa pela dominação e controle do homem pelo homem.

Ficamos felizes em compartilhar diversos conhecimentos, objetivando preparar você para compreender os conceitos e as características do processo de formação do Estado moderno, formando, assim, importante fundamento teórico que respalde as futuras intervenções profissionais em uma realidade social extremamente complexa. Foi interessante perceber que o serviço social, desde sua origem, contracena com esse ator e que, portanto, foi fundamental conhecê-lo melhor por meio deste livro.

Fizemos um percurso socio-histórico que, primeiramente, visitou os autores clássicos da ciência política que contribuíram, sobremaneira, para a formação de concepções sobre o Estado, apresentando sua origem, seu papel, sua abrangência, sua função social ou finalidade.

Você percebeu o quanto foi interessante conhecer, no primeiro capítulo, as abordagens sobre o Estado vindas dos principais autores clássicos da teoria política. Iniciamos com Nicolau Maquiavel, considerado o primeiro pensador a propor uma teoria geral do Estado. Depois, você ampliou seu conhecimento sobre as proposições de Immanuel Kant, que aplicou a física para criação um método de interpretação da realidade que a fundamentasse e justificasse para existência de um Estado. No início desse percurso, coube ainda o estudo sobre Georg Wilhelm Hegel, que procurou, por meio da justificativa do uso da razão para interpretação da realidade, criar um método fundamentado na dialética que permitisse compreender o papel e a finalidade do Estado e sua relação com a sociedade de seu tempo.

Prosseguindo em nossa jornada, chegamos ao segundo capítulo, no qual tratamos dos primeiros formatos do Estado, reconhecidos pelos cientistas políticos. Desse modo, você conheceu os teóricos contratualistas e neocontratualistas, também suas proposições sobre a criação de um Estado embasado um ordenamento jurídico específico.

Nessa caminhada, além de compreender o pensamento político de diferentes autores, você conheceu os conceitos de direitos humanos e de cidadania, entendendo o compromisso ético e político que a área de serviço social tem no que tange a essa temática, bem como que o serviço social reconhece, em todo e qualquer usuário de seu serviço, um cidadão efetivo, com direito à voz, a escutas coletivas, a contribuir no debate, como um cidadão efetivamente político. Reconhece, ainda, os direitos humanos como pauta política da profissão, defendendo e assumindo espaços coletivos que privilegiem, operativamente, a execução permanente das ações que caracterizem os direitos humanos.

Para os futuros assistentes sociais, além de compreender os conceitos propriamente ditos no que diz respeito ao Estado, é essencial (re)conhecer suas diferentes concepções e abordagens teóricas. Desse modo, propusemos a explicação nos moldes do Estado liberal e do Estado de bem-estar social, pois são configurações que assumiram papéis fundamentalmente relevantes no processo histórico mundial, além de caracterizações diametralmente contraditórias. Compreender de que modo o Estado liberal e o Estado de bem-estar social atingem e reconfiguram as sociedades e suas proteções sociais demonstra e revela a própria existência e necessidade do profissional assistente social. O profissional de serviço social, a nosso ver, deve ter, como compromisso teórico, a compreensão dessas dimensões e os rebatimentos diante da existência desses dois tipos de Estado, pois isso interferirá na prática profissional, bem como na proteção ou na desproteção social apresentadas.

Nesse sentido, foi também importante discutir as características do Estado brasileiro, buscando, assim, auxiliar você a compreender todo o processo histórico de formação do Brasil, iniciando pelo período colonial e passando pela fase do império. Na sequência, abordamos as características de um Estado obstinado pelo desenvolvimento e que não poupou esforços e acordos para romper com o estigma de país subdesenvolvido, ou em desenvolvimento.

Por fim, na trajetória desses estudos, para além de compreender as discussões sobre os conceitos de Estado liberal, de Estado de bem-estar social, de cidadania e de direitos humanos e as características do Brasil nesse processo, buscamos elucidar a importância de um debate democrático. Faz sentido esclarecer que nem sempre a profissão de serviço social pautou-se em um Estado democrático, mas que, contemporaneamente, vivemos nesse regime político, que, apesar de suas conhecidas limitações, ainda se apresenta como a melhor alternativa política na atualidade.

Bacharéis em serviço social, assistentes sociais e profissionais de áreas afins precisam compreender os aspectos de um regime democrático porque também são afetados diretamente por esse regime. Além disso, os elementos que caracterizam um regime democrático – como o voto, a participação popular, o controle social – constituem, em fundamental importância, os valores que traduzem os aspectos defendidos pelo profissional assistente social.

Esperamos, sinceramente, que esta obra contribua em significado e relevância para seus estudos acerca da categoria Estado, despertando sua curiosidade em ir além na busca pelo conhecimento. O conhecimento é um progressivo caminhar. Nesse sentido, esperamos poder, coletivamente, caminhar juntos.

Referências

ABBAGNANO, N. **Dicionário de filosofia**. Tradução de Alfredo Bosi e Ivone Castilho Benedetti. 3. ed. São Paulo: M. Fontes, 1998.

ARISTÓTELES. Ética a Nicômaco. **Poética**. 4. ed. São Paulo: Nova Cultural, 1991. (Coleção Os Pensadores, v. 2).

ARRETCHE, M. T. Emergência e desenvolvimento do welfarestate: teorias explicativas. **Revista Brasileira de Informação Bibliográfica em Ciências Sociais**, Rio de Janeiro, n. 39, 1995.

BBC NEWS BRASIL. 10 perguntas para entender a guerra da Síria, das origens às novas frentes de batalha. **R7**, 27 fev. 2018. Disponível em: <https://noticias.r7.com/internacional/10-perguntas-para-entender-a-guerra-da-siria-das-origens-as-novas-frentes-de-batalha-27022018>. Acesso em: 28 out. 2019.

BEHRING, E. R.; BOSCHETTI, I. **Política social**: fundamentos e história. 2. ed. São Paulo: Cortez, 2007. (Biblioteca Básica de Serviço Social, v. 2).

BERAS, C. **Democracia, cidadania e sociedade civil**. Curitiba: InterSaberes, 2013.

BOBBIO, N. **A era dos direitos**. Tradução de Carlos Nelson Coutinho. Rio de Janeiro: Elsevier, 2004.

_____. **As ideologias e o poder em crise**. Tradução de João Ferreira. Brasília: Ed. da UnB, 1999.

BOBBIO, N.; MATTEUCCI, N.; PASQUINO, G. **Dicionário de política**. Brasília: Ed. da UnB, 1998. v. 1.

BOSCHETTI, I. **O serviço social e a luta por trabalho, direitos e democracia no mundo globalizado**. Conferência Mundial de Serviço Social, 17 ago. 2008, Salvador. Palestra. Disponível em: <http://www.cfess.org.br/pdf/ivanete_boschetti.pdf>. Acesso em: 28 out. 2019.

CABRAL, J. F. P. Hobbes e o estado de natureza. **Brasil Escola**. Disponível em: <http://brasilescola.uol.com.br/filosofia/hobbes-estado-natureza.htm>. Acesso em: 28 out. 2019a.

_____. Sobre o Estado: filosofia do direito de Hegel. **Brasil Escola**. Disponível em: <http://brasilescola.uol.com.br/filosofia/sobre-estado-filosofia-direito-hegel.htm>. Acesso em: 28 nov. 2019b.

CHAUI, M. **Convite à filosofia**. São Paulo: Ática, 2000.

COELHO, F. L. O contratualismo clássico e o neocontratualismo: primeiras aproximações. **Revista Eletrônica Direito e Política**, Itajaí, v. 2, n. 3, 2007.

COMPARATO, F. K. **A afirmação histórica dos direitos humanos**. 7. ed. rev. e atual. São Paulo: Saraiva, 2010.

_____. Fundamento dos direitos humanos. **Instituto de Estudos Avançados da Universidade de São Paulo**, 1997. Disponível em: <http://www.iea.usp.br/publicacoes/textos/comparatodireitoshumanos.pdf>. Acesso em: 28 out. 2019.

CONSUETUDINÁRIO. **Dicionário Online de Português**. Disponível em: <https://www.dicio.com.br/consuetudinario/>. Acesso em: 17 nov. 2019.

COSTA, D. V.-C. R. de M. A teoria do estado em Hegel. **Princípios: Revista de Filosofia**, Natal, v. 20, n. 33, p. 653-671, jan./jun. 2013.

DALLARI, D. de A. **Elementos da teoria geral de Estado**. 2. ed. atual. São Paulo: Saraiva, 1998.

DALLARI, D. de A. **Elementos de teoria geral do Estado**. São Paulo: Saraiva, 2000.

DRAIBE, S. M. **O Welfare state no Brasil**: características e perspectivas. Universidade Estadual de Campinas, Núcleo de Estudos de Políticas Públicas, Caderno n. 8, 1993.

FAORO, R. **Os donos do poder**: formação do patronato político brasileiro. Rio de Janeiro/Porto Alegre: Globo; São Paulo: Edusp, 1975.

FORTI, V.; MARCONSIN, C.; FORTI, L. Direitos humanos e serviço social: debater é preciso. In: FORTI, V.; GUERRA, Y. (Coord.). **Direitos humanos e serviço social**: polêmicas, debates e embates. Rio de Janeiro: Lumen Júris, 2011.

FRAZÃO, D. Nicolau Maquiavel. **Ebiografia**. Disponível em: https://www.ebiografia.com/nicolau_maquiavel/. Acesso em: 17 nov. 2019a.

_____. Denis Diderot. **Ebiografia**. Disponível em: <https://www.ebiografia.com/denis_diderot/>. Acesso em: 17 nov. 2019b.

FREITAS, J. P. O. de. Os mecanismos de democracia direta e os movimentos sociais: considerações sobre o aperfeiçoamento da cultura política. **Constituição, Economia e Desenvolvimento: Revista da Academia Brasileira de Direito Constitucional**, Curitiba, v. 4, n. 6, p. 75-99, jan./jun. 2012. Disponível em: <http://www.abdconst.com.br/revista7/mecanismosJoao.pdf>. Acesso em: 28 out. 2019.

FREYRE, G. **Casa-grande & senzala**: formação da família brasileira sob o regime da economia patriarcal. 49. ed. São Paulo: Global, 2004.

GUERRA, S. **Direitos humanos & cidadania**. São Paulo: Atlas, 2012.

HEGEL, G. W. F. **Princípios da filosofia do direito**. 2. ed. Tradução de Norberto de Paula Lima. São Paulo: Ícone, 1997.

HOBBES, T. **Leviatã ou matéria forma e poder de um Estado eclesiástico e civil**. Tradução de João Paulo Monteiro e Maria Nizza da Silva. São Paulo: M. Fontes, 2003.

HOLANDA, S. B. **Raízes do Brasil**. São Paulo: Companhia das Letras, 1995.

IANNI, O. **Estado e planejamento econômico no Brasil**: 1930-1970. Rio de Janeiro: Civilização Brasileira, 1973.

INWOOD, M. **Dicionário Hegel**. Tradução de Álvaro Cabral. Rio de Janeiro: J. Zahar, 1997.

KANT, I. **Fundamentação da metafísica dos costumes**. São Paulo: M. Claret, 2005.

KRISCHKE, P. J. **O contrato social ontem e hoje**. São Paulo: Cortez, 1993.

LIRA, M. S. **O neocontratualismo de Norberto Bobbio e John Rawl em um contexto de neoliberalismo e crise estrutural do capital**. Dissertação (Mestrado em Sociologia) – Universidade Estadual Paulista Júlio de Mesquita Filho, Araraquara, 2010.

LOCKE, J. **Dois tratados sobre o governo**. São Paulo: M. Fontes, 1998.

_____. **Segundo tratado sobre o governo civil**: ensaio sobre a origem, os limites e os fins verdadeiros do governo civil. Tradução de Magda Lopes e Marisa Lobo da Costa. Petrópolis: Vozes, 1994. (Coleção Clássicos do pensamento político, 14).

LUIZ, L. T. A origem e evolução da cidadania. **Colloquium Humanarum**, v. 4, n. 1, p. 91-104, jun. 2007. Disponível em: <http://revistas.unoeste.br/revistas/ojs/index.php/ch/article/viewFile/226/607>. Acesso em: 28 out. 2019.

MALLANN, L. J.; BALESTRIN, N. L.; SILVA, R. dos S. **Estado e políticas sociais no Brasil**: avanços e retrocessos. Curitiba: InterSaberes, 2017. (Série Metodologia do Serviço Social).

MAQUIAVEL, N. **O príncipe**. Tradução de Maria Goldwasser. São Paulo: M. Fontes, 2008.

MAQUIAVEL, N. **A mandrágora**. 2. ed. São Paulo: Brasiliense, 1994.

_____. O príncipe. In: _____. **O príncipe**. Escritos políticos. Tradução de Lívio Xavier. São Paulo: Abril Cultural, 1983. (Coleção Os Pensadores).

MARCELINO, C. A. A. da S. **Rota de aprendizagem da disciplina Estado e serviço social no Brasil**. Bacharelado em Serviço Social. Centro Universitário Internacional Uninter, 2016.

MARTINEZ, T. C. **História da filosofia**: dos pré-socráticos à filosofia contemporânea. São Paulo: Edições 70, 2017.

MARTINS, D. C. S. et al. A democracia e o serviço social. **Revista Interfaces: Saúde, Humanas e Tecnologia**, v. 2, n. 5, ano 2, 2014. Faculdade Leão Sampaio. Disponível em: <http://interfaces.leaosampaio.edu.br/index.php/revista-interfaces/article/view/91>. Acesso em: 28 out. 2019.

MATTEUCCI, N. Contratualismo. In: BOBBIO, N.; MATTEUCCI, N.; PASQUINO, G. **Dicionário de política**. 11. ed. Brasília: Ed. da UnB, 1998. v. 1.

MEDEIROS, N. F. M. de. Democracia clássica e moderna: discussões sobre o conceito na teoria democrática. **Revista Eletrônica de Ciência Política**, v. 6, n. 2, p. 258-279, 2015. Disponível em: <http://revistas.ufpr.br/politica/article/view/42359>. Acesso em: 28 set. 2019.

MELO, G. C. Evolução histórica do conceito de cidadania e a Declaração Universal dos Direitos do Homem. **âmbito Jurídico**, Rio Grande, v. 16, n. 119, dez. 2013. Disponível em: <http://www.ambito-juridico.com.br/site/?n_link=revista_artigos_leitura&artigo_id=13959>. Acesso em: 28 out. 2019.

MENEZES, A. de. **Teoria geral do Estado**. Rio de Janeiro, Forense, 1999.

MIRANDA, J. Os princípios da democracia. In: LEITE, G. S.; SARLET, I. W. (Coord). **Constituição, política e cidadania**. Porto Alegre: GIW, 2013.

MONTESQUIEU, C. de S. **O espírito das leis.** Tradução de Cristina Muracho. São Paulo: Martins Fontes, 1979.

MORAES, R. Q. A evolução histórica do Estado liberal ao Estado democrático de direito e sua relação com o constitucionalismo dirigente. **Revista de Informação Legislativa**, Brasília, v. 51, n. 204, p. 269-285, out./dez. 2014. Disponível em: <http://www2.senado.leg.br/bdsf/item/id/509938>. Acesso em: 28 out. 2019.

MOREIRA NETO, E. A. Sobre a sociedade civil em Hegel, Marx e Gramsci. In: SIMPÓSIO LUTAS SOCIAIS NA AMÉRICA LATINA, 4., 2010, Londrina.

MOTTA, L. E. Liberalismo e a escravidão moderna. In: FREIRE, S. de M. **Direitos humanos para quem?** Contextos, contradições e consensos. Rio de Janeiro: Gramma, 2014. p. 197-206.

NETTO, A. G. F. Do estado de natureza ao governo civil em John Locke. **Revista de Direito Público**, Londrina, v. 2, n. 2, p. 75-90, maio/ago. 2007.

NOGUEIRA, V. M. R. Estado de bem-estar social: origens e desenvolvimento. **Revista Katálysis**, n. 5, p. 89-103, jul./dez. 2001. Disponível em: <https://periodicos.ufsc.br/index.php/katalysis/article/view/5738/5260>. Acesso em: 28 set. 2019.

ORRUTEA FILHO, R. M. A filosofia do direito em Hegel. **Revista Científica da Faculdade Dom Bosco**, v. 3, p. 1-18, 2015.

ORTIZ, R. Estado, cultura popular e identidade nacional. In: _____. **Cultura brasileira e identidade nacional**. São Paulo: Brasiliense, 1994a. p. 37-44.

_____. Memória coletiva e sincretismo científico: as teorias raciais do século XIX. In: _____. **Cultura brasileira e identidade nacional**. São Paulo: Brasiliense, 1994b. p. 13-35.

PAIXÃO, C. Direito, política, autoritarismo e democracia no Brasil: da Revolução de 30 à promulgação da Constituição da República de 1988. **Araucaria Revista Iberoamericana de Filosofía, Política, Humanidades y Relaciones Internacionales**, año 13, n. 26, p. 146-169, 2011. Disponível em: < https://revistascientificas.us.es/index.php/araucaria/article/view/1379>. Acesso em: 17 nov. 2019.

PAULA JUNIOR, F. de. O futuro da democracia: as regras do jogo. **Metanoia**, São João Del-Rei, n. 1. p. 17-23, jul. 1998/1999. Disponível em: <https://ufsj.edu.br/portal-repositorio/File/revistametanoia/numero1/frank2.pdf>. Acesso em: 28 out. 2019.

PINSKY, J.; PINSKY, C. B. (Org.). **História da cidadania**. 4. ed. São Paulo: Contexto, 2008.

PIOVESAN, F. Direitos humanos e o direito constitucional internacional. **Caderno de Direito Constitucional**, Módulo V: Currículo Permanente, Escola da Magistratura do Tribunal Regional Federal da 4ª Região, 2006. Disponível em: <http://www.dhnet.org.br/direitos/militantes/flaviapiovesan/piovesan_dh_direito_constitucional.pdf>. Acesso em: 28 out. 2019.

POLIS. In: **Significados.com**. Disponível em: <https://www.significados.com.br/polis/>. Acesso em: 28 set. 2019.

PRADO JUNIOR, C. **Formação do Brasil contemporâneo:** colônia. 12. ed. São Paulo: Brasiliense, 1972.

____. **História econômica do Brasil**. São Paulo: Brasiliense, 2006.

RAWLS, J. **Direito dos povos**. Tradução de L. C. Borges. São Paulo: M. Fontes, 2001.

____. **História da filosofia moral**. Tradução de Ana Aguiar Cotrim. São Paulo: M. Fontes, 2005.

____. **Liberalismo político**. Tradução de Sergio René Madero Báes. México: Fondo de Cultura Económica, 1995.

____. **Uma teoria da justiça**. Tradução de Almiro Pisetta e Lenita Maria Rímoli Esteves. 2. ed. São Paulo: M. Fontes, 2002.

____. **O direito dos povos**. São Paulo: M. Fontes, 2004.

REALE, G.; ANTISERI, D. **História da filosofia:** do romantismo aos nossos dias. 5. ed. São Paulo: Paulus, 1991.

RIBEIRO, D. **O povo brasileiro:** a formação e o sentido de Brasil. 2. ed. São Paulo: Companhia das Letras, 1995.

RICHTER, M. P. Welfarstate e o sistema de proteção social brasileiro. **Disciplina de Renda Mínima e Transferência de Renda**, Centro Universitário Internacional Uninter, Curitiba, 2015.

ROBERTS, B. R. A dimensão social da cidadania. **Revista Brasileira de Ciências Sociais,** São Paulo, n. 33, 1997.

ROUSSEAU, J.-J. **Discurso sobre a origem e os fundamentos da desigualdade entre os homens**. São Paulo: Nova Cultural, 1989. (Coleção Os Pensadores).

____. **Do contrato social**. RidendoCastigat Mores, 2002.

RUIZ, J. L. de S. **Direitos humanos e concepções contemporâneas**. São Paulo: Cortez, 2014.

____. Direitos humanos: argumentos para o debate no Serviço Social. In: FORTI, V.; GUERRA, Y. (Coord.). **Direitos humanos e serviço social**: polêmicas, debates e embates. Luen Júris: Rio de Janeiro, 2011. p. 71-91.

SCHILLING, V. **História do Brasil**. Disponível em: < https://www.terra.com.br/noticias/educacao/historia/>. Acesso em: 28 out. 2019.

SCORZA, F. A. T. **O Estado na obra de Kant**. mar. 2007. Disponível em: <https://jus.com.br/artigos/9580/o-estado-na-obra-de-kant>. Acesso em: 28 out. 2019.

SOUZA, A. P. dos A. Os direitos sociais na Era Vargas: a previdência social no processo histórico de constituição dos direitos sociais no Brasil. In: JORNADA DE POLÍTICAS PÚBLICAS DA UNIVERSIDADE FEDERAL DO MARANHÃO, 2., 2005, São Luís. **Anais...**, São Paulo, 2005.

TAVARES, A. R. **Curso de direito constitucional**. 8. ed. rev. e atual. São Paulo: Saraiva, 2010.

ZANETTI, B. M. Democracia. **Revista Científica Semana Acadêmica**, Fortaleza, n. 38, 2013. Disponível em: <http://semanaacademica.org.br/artigo/democracia>. Acesso em: 28 out. 2019.

Respostas

Capítulo 1

1. b
2. b
3. a
4. Podemos entender essa máxima como um princípio subjetivo para a ação, dado pelo próprio sujeito em seu exercício de livre escolha. Desse modo, Kant (2005) faz a diferenciação entre direito e moral, afirmando que as leis da liberdade, quando dirigidas às ações externas dos indivíduos, são consideradas leis jurídicas. E, ainda, que as leis da liberdade, como leis morais, requerem ser o fator que determina a ação, de modo que o motivo da adequação da ação à lei seja puramente o dever de cumprir com o preceito nela contido.

5. A sociedade civil seria o local onde os homens buscariam estratégias para a realização de seus desejos: a posse e a propriedade. Para tanto, necessitaria de outros homens que produzissem aquilo que ele, individualmente, não conseguiu produzir. A troca entre os homens seria então a estratégia adotada para satisfação de seus desejos.

Capítulo 2

1. a

2. c

3. c

4. O primeiro: a aprovação concedida pelo maior número de indivíduos advindos do voto individual e singular é a única ferramenta para garantir o sistema democrático. O segundo: o estabelecimento de mecanismos técnicos para se possa computar a manifestação das vontades individuais, de modo que se possa calcular e verificar, atribuindo certeza de a vontade geral seria efetivada. A isso se chama de "calculabilidade racional".

5. Netto (2007) afirma que, diante desse dilema, surgem alguns questionamentos no sentido de pensar se o estado natural, em Locke, é mesmo um estado de liberdade ou de licenciosidade. Considera a autora que essa "licença irrestrita dos homens traz ainconsistência e incerteza que implicam para John Locke, a necessidade de institucionalizar uma ordem superior que dê suporte legal para que se possa disciplinar as relações entre as pessoas", promovendo o equilíbrio do ordenamento societário ao confrontar as ações dos homens e àquelas situações em que a liberdade irrestrita possa redundar em perigo ao convívio entre os homens (Netto, 2007, p. 40).

Capítulo 3

1. e
2. e
3. d
4. A cidadania, na sociedade greco-romana não era do tipo universal. Tanto na sociedade grega quanto na sociedade romana, critérios de seletividade foram estabelecidos para que um sujeito pudesse ser considerado cidadão. Na Grécia, mulheres e estrangeiros não participavam da vida política. Em Roma, por determinado período, eram os patrícios que definiam as condições políticas da sociedade, ficando a plebe à parte das decisões judiciais.
5. É recorrente o debate e associação do nascedouro dos direitos humanos às conhecidas revoluções burguesas. Além desse período, outros períodos históricos também identificam processos relativos ao tema, como os seguintes documentos: Declaração das Cortes de Leão de 1188 e Magna Carta de 1215, Petição de Direitos de 1629, Lei de Habeas Corpus de 1679 e Bill of Rights de 1689.

Capítulo 4

1. e
2. d
3. d
4. O Estado liberal apresenta como características: a defesa da propriedade privada; a autorregulação pelo mercado; a defesa da liberdade de consciência. A propriedade privada é, ainda, entendida como um direito natural.
5. Para essa teoria, a proteção social é bastante reduzida, sob o viés de um Estado maior. A proteção social, nesse caso, fica subjugada a esse Estado, que seria maior.

Capítulo 5

1. c
2. a
3. d
4. Para o referido autor, as três correntes são: (1) a executada pela via autoritária populista (da implantação da infraestrutura estratégica nos setores do aço, da energia e do petróleo); (2) a adotada pelo desenvolvimentismo democrático, voltado para a substituição das importações; e a (3) implantada pelo autoritarismo militar, síntese de ambas (Schilling, 2019).
5. Não havendo a perspectiva de um retorno imediato a Portugal, tornou-se necessário preparar a colônia para ser a sede do governo e o local onde pudessem ser dirigidos todos os negócios do Reino. Ressaltam os autores a criação de um paradoxo: a sede do Reino encontrava-se alocada em território colonial, de onde partiam as ordens para o povo que vivia no território metropolitano.

Capítulo 6

1. e
2. e
3. c
4. Nesse tipo de democracia, o grande benefício reside em combinar as atividades de democracia direta com a representativa. Em que pese que alguns conflitos sejam referenciais (e até contraditórios), a mescla dos dois modelos democracia possibilita o exercício do processo democrático.
5. A democracia no Brasil é recente, porém apresenta variáveis de limitações. A cultura política brasileira, fundada e fundamentada em elementos como subserviência e clientelismo, ainda deixam marcas severas e apontam fragilidades no processo democrático brasileiro.

Sobre as autoras

Mariana Patrício Richter Santos é mestre em Gestão Urbana pela Pontifícia Universidade Católica do Paraná (PUCPR), especialista em Gestão Social de Políticas, Programas e Projetos Sociais pela PUCPR e graduada em Serviço Social pela PUCPR. É também graduada em Direito pela Faculdade Opet. Atuou, profissionalmente, em diferentes políticas públicas e sociais. Coordena o projeto de pesquisa Justiça Restaurativa e Acesso à Justiça e o projeto de extensão Fórum de Múltiplas Portas para o Acesso à Justiça: Construindo Pontes e Formando Redes de Cidadania. É docente de cursos de graduação e pós-graduação e tutora de graduação a distância do Centro Universitário Internacional Uninter.

Raquel Barcelos de Araújo é mestre em Serviço Social pela PUC-Rio, com especialização em Violência contra Criança e Adolescente pela PUCPR. Com vasta experiência na docência e na coordenação de cursos de Serviço Social, também atuou como assistente social de serviços socioassistenciais tanto na proteção básica quanto na proteção especial. Atualmente, é docente de cursos de graduação e pós-graduação em cursos EaD e presencial do Centro Universitário Internacional Uninter.

Os papéis utilizados neste livro, certificados por instituições ambientais competentes, são recicláveis, provenientes de fontes renováveis e, portanto, um meio responsável e natural de informação e conhecimento.

FSC
www.fsc.org
MISTO
Papel produzido
a partir de
fontes responsáveis
FSC® C103535

Impressão: Reproset
Fevereiro/2023